财富管理系列

私募基金业绩评价

Performance Evaluation of Private Equity Fund

闫 冬◎著

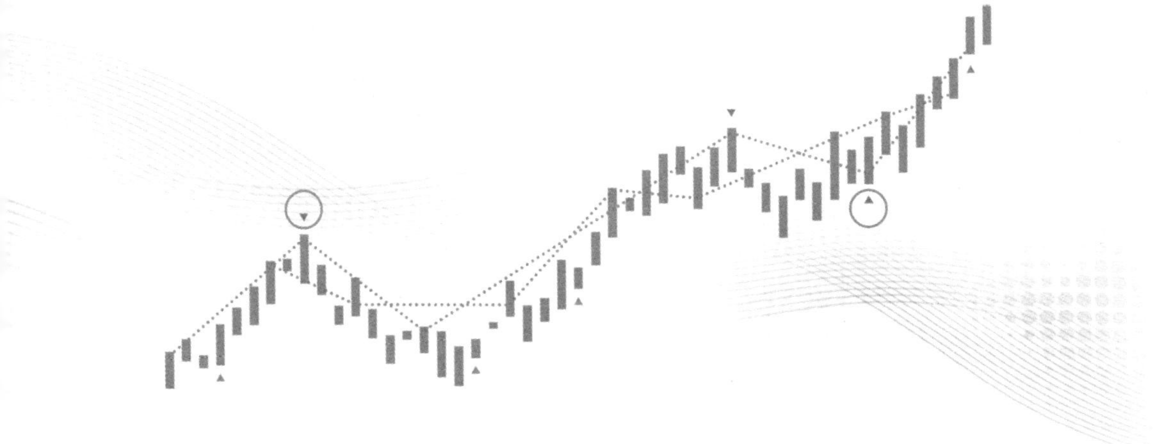

企业管理出版社
ENTERPRISE MANAGEMENT PUBLISHING HOUSE

图书在版编目（CIP）数据

私募基金业绩评价 / 闫冬著．—北京：企业管理出版社，2022.6
ISBN 978-7-5164-2618-0

Ⅰ．①私… Ⅱ．①闫… Ⅲ．①投资基金—经济评价—研究—中国
Ⅳ．① F832.51

中国版本图书馆 CIP 数据核字（2022）第 083432 号

书　　名：私募基金业绩评价
书　　号：ISBN 978-7-5164-2618-0
作　　者：闫　冬
责任编辑：尤　颖　　宋可力
出版发行：企业管理出版社
经　　销：新华书店
地　　址：北京市海淀区紫竹院南路 17 号　　邮　　编：100048
网　　址：http://www.emph.cn　　电子信箱：emph001 @163.com
电　　话：编辑部（010）68701638　　发行部（010）68701816
印　　刷：河北宝昌佳彩印刷有限公司
版　　次：2022 年 6 月第 1 版
印　　次：2022 年 6 月第 1 次印刷
开　　本：710mm × 1000mm　1/16
印　　张：14.25 印张
字　　数：209 千字
定　　价：68.00 元

PREFACE | 前 言

2013 年 6 月 1 日，我国新基金法正式实施，私募基金首次获得明确的法律地位，由此开启了私募基金行业高速发展的黄金时代。截至 2021 年 12 月末，私募基金管理人达到 24610 家，管理资金总规模达到 19.76 万亿元，已经成为资本市场上具有极大影响力的机构投资者。同时，私募基金管理人所管理的基金产品数量也达到了 124117 只。面对不断丰富的私募基金产品，如何科学评价私募基金的业绩成为投资者最为关注的话题。目前，我国对于私募基金业绩进行评级的机构较少，这少数的几家评级机构也存在着评价体系不统一、评价侧重点不同等诸多问题，最终导致评级机构为投资者提供的信息不尽相同，甚至正好相反，从而影响了投资者的投资决策。因此，为保护投资者的利益，应当建立一套客观、公正、合理的私募基金业绩评价体系，这不仅能够为投资者提供准确的参考信息，还能激励私募基金经理选择更为合理的投资策略，同时为监管部门对私募基金监管提供可靠的依据。

对私募基金的评价方法多种多样，本书首先对私募基金业绩评价文献的内在逻辑进行了总结和梳理，结合全球知名评级机构的基金业绩评级体系，最终确定了私募基金业绩评价的八个单项指标：基金净值收益率、Sharpe 指数、Jensen 指数、收益率方差、风险系数、持续性斜率系数、基金经理选股能力指标、基金经理择时能力指标，之后将这八个指标聚类为收益能力、风险水平、基金业绩持续性、基金经理人能力四个维度，形成了衡量基金业绩的四个二级指标，并根据层次分析原理，最终形成了一个三层级的私募基金业绩评价指标体系。

本书利用基于层次分析与灰色系统分析相结合的方法对私募基金业绩评价体系进行了实证研究，考察了样本在不同阶段的稳健性。实证结果表明，在收益能力方面，牛市、熊市和震荡市三个不同的考察阶段，均有部分基金表现出显著的超额收益能力。在风险水平方面，除了少数管理不善的基金，大部分基金的风险水平低于市场基准组合。在基金经理人能力方面，大部分基金的基金经理表现出一定的选股能力，但绝大多数基金经理没有表现出择时能力。在业绩持续性方面，大部分基金在牛市、熊市和震荡市三个不同的考察阶段内分别表现出了一定的业绩持续性，但是样本总体在整个考察区间内并没有表现出显著的业绩持续性。本书的研究拓宽了国内私募基金业绩评价研究的广度与深度，可为投资者、私募基金公司、监管部门提供参考，具有一定的理论和实践意义。

本书由六个部分构成。

第 1 章为绪论。该部分主要介绍本书的研究背景、研究意义、研究内容、研究框架及研究方法和创新之处。这一章阐述了私募基金行业的现状及未来发展趋势，从各方对于私募基金业绩研究的需求方面着手，提出研究的理论和实际意义。私募基金的迅猛发展与国内不成熟的基金业绩评价体系之间的矛盾日益突出，凸显出研究的紧迫性与研究价值所在。

第 2 章为文献综述。该部分首先回顾了国外基金业绩评价的理论研究，从基金业绩评价指标、基金经理选股择时能力和基金业绩持续性三个角度对国外基金业绩评价的研究现状进行总结。接着，对国内学者关于基金业绩评价的最新文献进行了分类综述。最后，对国内外基金业绩评价文献进行概括总结。

第 3 章为国内外具有一定知名度的机构对私募基金业绩评价的比较和分析。本章针对国内外私募基金的现状及未来发展进行了分析，总结了多家具有影响力的国内外机构对于私募基金业绩评价的方法和标准，并指出这些评价体系所存在的问题及不足，引出对于私募基金业绩评价指标体系的构建。

第 4 章为私募基金业绩评价体系构建。结合第 2 章的文献综述和第 3 章国内外机构对私募基金业绩评价的体系，构建出一套适合国内市场的私募基金业绩评价综合指标体系。接下来，介绍了层次分析法和灰色系统理论的应用，并用层次分析法为新构建的私募基金业绩评价体系中的指标赋权。

第 5 章为私募基金业绩评价实证研究。该部分通过独立运用各项评价指标对 78 只样本基金的收益能力、风险水平、基金经理选股择时能力及基金业绩持续性四个方面进行实证分析。实证结果同晨星（中国）的私募评价结果进行对比，验证本书所构建的私募业绩评价体系的可靠性与实用性。

第 6 章为研究结论和展望。该部分客观评价了本书所构建的私募基金业绩评价单项指标和综合评价模型，并从收益能力、风险水平、基金经理选股择时能力及基金业绩持续性这四个方面得出研究结论。研究的不足与局限性也会在这一部分中涉及。该部分还对私募基金行业的发展与本书的研究成果进行了展望。

CONTENTS | 目　录

第1章

绪　论

1.1　研究背景和研究意义 …… 001

1.1.1　研究背景 …… 001

1.1.2　研究意义 …… 004

1.2　研究内容和研究框架 …… 007

1.2.1　研究内容 …… 007

1.2.2　研究框架 …… 008

1.3　研究方法和创新之处 …… 009

1.3.1　研究方法 …… 009

1.3.2　创新之处 …… 009

第2章

文献综述

2.1　国外基金业绩评价文献研究 …… 011

2.1.1　国外基金业绩评价指标研究 …… 011

2.1.2 国外基金经理选股择时能力研究 …… 013
2.1.3 国外对基金业绩持续性的研究 …… 015

2.2 国内基金业绩评价文献研究 …… 017
2.2.1 经典指标指导下的基金业绩研究 …… 017
2.2.2 经过改良的基金业绩评价方法 …… 020
2.2.3 基金经理选股择时能力研究 …… 023
2.2.4 基金业绩持续性研究 …… 025
2.2.5 其他基金业绩评价影响因素研究 …… 027

2.3 文献评价 …… 028

第3章 私募基金业绩评价国际比较和研究

3.1 国外机构私募基金业绩评价分析 …… 030
3.1.1 晨星公司的评级体系 …… 031
3.1.2 标普 Micropal 公司的评级体系 …… 033

3.2 国内机构私募基金业绩评价分析 …… 034
3.2.1 晨星（中国）私募基金评价 …… 043
3.2.2 华泰证券私募基金评价 …… 046

3.3 国内外机构私募基金业绩评价差异分析 …… 048

第4章 私募基金业绩评价体系构建

4.1 构建方法分析 …… 049

4.2 私募基金业绩评价指标选择 …… 050

4.2.1 指标选取原则 ······ 050
4.2.2 一级指标选取 ······ 051
4.2.3 二级指标选取 ······ 052
4.2.4 指标有效性分析 ······ 064

4.3 基于层次分析法的指标权重确定 ······ 067
4.3.1 层次分析法简介 ······ 067
4.3.2 层次分析法可行性分析 ······ 068
4.3.3 层次分析模型的构建 ······ 069

4.4 灰色系统理论应用 ······ 075
4.4.1 灰色系统理论综述 ······ 075
4.4.2 基于灰色系统理论的多层次分析法 ······ 080

第5章 私募基金业绩评价实证研究

5.1 样本与数据说明 ······ 083

5.2 无风险利率的确定 ······ 088

5.3 市场基准收益率和超额收益率的确定 ······ 092

5.4 私募基金业绩单项指标实证分析 ······ 094
5.4.1 收益率标准差与风险系数 β 业绩评价指标实证结果分析 ··· 094
5.4.2 平均收益率与超额收益率业绩评价指标实证结果分析 ··· 108
5.4.3 Sharpe 指数业绩评价指标实证结果分析 ······ 121
5.4.4 Jensen 指数业绩评价指标实证结果分析 ······ 133
5.4.5 选股择时能力评价指标实证结果分析 ······ 145
5.4.6 业绩持续性指标实证结果分析 ······ 159

5.5 私募基金业绩综合指标实证分析 ······ 172

第 6 章 研究结论和展望

6.1 研究结论与不足之处 ········ 186

6.1.1 研究结论 ········ 186

6.1.2 研究不足 ········ 188

6.2 研究展望 ········ 189

附　　录 ········ 196

相关程序 ········ 196

中国私募基金业绩评价指标调查表 ········ 203

参考文献 ········ 206

后　　记 ········ 216

第1章 绪　论

1.1 研究背景和研究意义

私募基金的快速崛起受到理论界和实务界的广泛关注，学者们对如何评价私募基金的业绩、私募基金对市场的影响等方面进行了大量研究。本书从私募基金投资者、私募基金管理公司、私募基金经理和市场监管者的角度，研究私募基金的业绩评价，试图更加系统地理解我国私募基金投资者、私募基金管理公司、私募基金经理和市场监管者的行为。本章为全文的绪论，首先介绍本书的研究背景和研究意义，然后说明本书的逻辑结构和研究内容，最后指出本书的研究方法和创新之处。

1.1.1 研究背景

2004 年 2 月，赤子之心与深国投联合推出了一款名为深国投 · 赤子之心（中国）集合资金信托计划的金融产品。该产品通过信托公司 + 保管银行 + 私募公司这种全新的模式使私募基金公司的身份得以阳光化，该产品的上市也标志着私募时代的到来。

虽然有了阳光化的身份，但私募基金的发展之路并不是一帆风顺的。由于阳光私募基金的法律主体地位比较模糊，各种隐性风险使投资者望而却步。高额的报酬提取比率及 A 股市场长熊短牛的市场特征都使阳光私募基金在初期发展得非常缓慢。2007 年是私募基金发展史上具有里程碑意义的一年，市场持续上涨让私募行业得到了迅速扩张的历史时机，各私募机构抓住难得的机遇，不断扩大公司规模。但随后由于全球金融风暴的到来，市场进入持续下跌之中，私募基金在管理资金规模和产品数量增长方面均受到影响，发展再次陷入停滞阶段。

2009 年，银监会印发了《信托公司证券投资信托业务操作指引》。该文件首次规范了证券类信托产品，同时也意味着在监管层面私募模式获得了认可。私募基金借助信托公司发行，经过监管机构备案，资金实行第三方银行托管，有定期业绩报告，同时借助信托公司的平台发行，能够保证私募投资者的资金安全，这使它较之于一般阳光私募基金更加具有规范性和透明性。

2012 年至 2015 年中国证券投资基金业协会、证监会等机构先后通过《证券投资基金法》《私募投资基金管理人登记和基金备案办法（试行）》《私募投资基金监督管理暂行办法》《私募投资基金管理人内部控制指引》《私募投资基金信息披露管理办法》《私募投资基金募集行为管理办法》《关于进一步规范私募基金管理人登记若干事项的公告》等法律、制度、公告等，确立私募基金的合法地位，这极大促进了私募基金行业健康、有序发展。

中国证券投资基金业协会数据显示，截至 2021 年 12 月末，已登记私募基金管理人 24610 家，环比增长 0.2%；管理基金数量 124117 只，环比增长 28.2%；管理基金规模 19.76 万亿元，环比增长 16.5%。短短数十年时间，私募基金产品从 2007 年的 2767 只，增加到了 2021 年的 124117 只，年均复合增长率达到 30%，显示私募基金行业发展迅速，如图 1-1 所示。

私募基金按照投资的市场方向可以分为证券类私募、股权类私募和其他类私募。本书所研究的私募基金特指私募证券类投资基金（以下简称私募基金），主要指通过向特定对象非公开募集资金，由专门的投资机构管理，主要投资于证券二级市场，采取灵活的投资策略和激励机制，以获取收益的投资工具。截至 2021 年 12 月末，已登记的机构类型为私募证券投资基金的私募基金管理人 9069 家，管理正在运作的基金 76839 只，管理基金规模 6.12 万亿元，如表 1-1 所示。

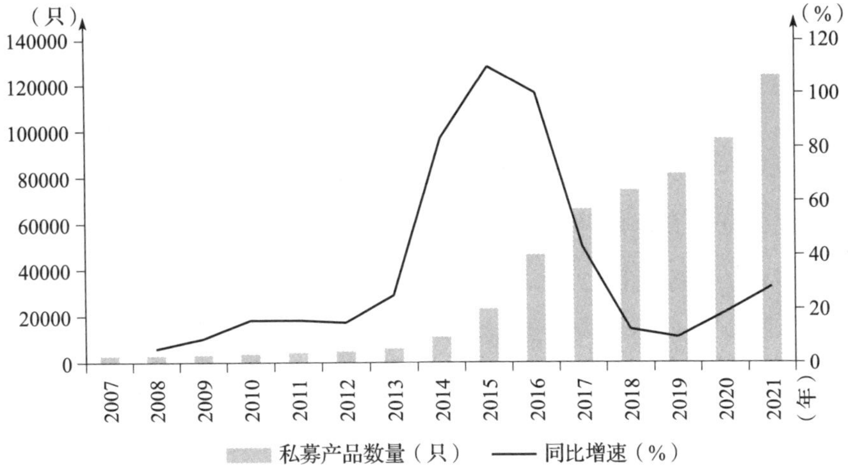

资料来源：中国证券投资基金业协会。

图 1-1 2007—2021 年私募产品数量和同比增速变化情况

表 1-1 2020—2021 年私募基金备案情况

	2021 年			2020 年		
	基金管理人 / 家	已备案基金数量 / 只	规模 / 万亿元	基金管理人 / 家	已备案基金数量 / 只	规模 / 万亿元
合计	24610	124117	19.76	24561	96852	15.97
私募证券基金	9069	76839	6.12	8908	54355	3.77
私募股权、创投基金	15012	45311	12.78	14986	39802	11.06
其他基金	529	1967	0.86	667	2695	1.14

资料来源：中国证券投资基金业协会。

私募基金行业的快速发展也伴随着诸多问题的出现，私募投资机构数量众多，基金产品同质化问题严重，缺乏统一的评价标准，难以辨别私募产品优劣，容易出现鱼龙混杂的局面，也导致监管部门无法进行针对性的有效管理。鉴于上述背景，对于私募基金的评价越来越受到理论界和实务界的广泛关注，而评价的核心就是私募基金产品的业绩。具体而言，管理层需要选择表现出色的私募基金管理人，批准其继续发行新的私募基金；私募基金公司也需要对私募基金的市场表现和私募基金经理人的能力进行评价，以确定私募基金经理人的选聘和薪酬等。机构投资者既要在直接入市或通过私募基金间接入市之间进行权衡，还要在众多私募基金管理人和私募基金产品中进行选择。对于私募基金投资者而言，在进行私募基金产品选择时往往比较偏重于收益情况，对投资过程中可能产生的风险并不了解，而针对私募基金产品业绩的评价能够帮助投资者做出科学的判断。这些问题的解决最终都有赖于一套科学、有效的私募业绩评价体系的建立。

目前私募基金的业绩评价体系还很不健全，在国外评级机构中影响较大的是晨星公司和标普 Micropal 公司，两家公司均已形成各自的基金业绩评级体系。国内评级机构中华泰证券也开始探索建立一套私募基金业绩评级体系，并定期向市场发布评级报告。但是，不同公司所构建的评估体系在关注点上有所不同，如有的评估体系侧重于评估基金的风险管控能力，有的更关注基金的收益能力，因此经常出现这样的现象：同一只基金在不同企业发布的评估结论中处于不同的等级序列。同时，企业对外所展示的评估体系没有实现数据化、模型化，因此不能看到其评估体系的内部机理，无法对其进行科学性考量，最终影响到对普适性的评价。

而理论界也只是对评价指标的选取、评价体系的构建进行了一些初步尝试。实际上，不仅是私募基金行业，整个基金业对于基金业绩评价也未能形成一套较为统一的、被普遍认可的、完善的评价体系。业绩评价体系的不足最终会制约行业的发展，因此建立起一套科学、全面的业绩评估体系已成为理论界和实务界的共同呼唤。

1.1.2 研究意义

（1）理论意义。

从理论方面来看，学术界对私募基金的关注大多聚焦于运营模式、投资策略、市场行为、法律地位、市场监管等方面。近年来，对于私募基金业绩评价的研究越来越多，但在业绩评价方法上并没有太大突破。学者们大都直接套用了美国晨星公司等国外较成熟的基金业绩评价模型，只有少数学者结合实际，对外国的模型进行了修改。有学者在指标选取上有所突破，提出了几个不同于现有经典但极富启发性的指标，并得到了广泛认可。但是所选取的评价指标过于零散，不成体系，不能形成评价系统。除此之外，学者们在进行实证研究时，对于业绩评价中的基准组合选择还没有统一的观点，对基准组合进行比较个性化的选择，导致了结论的偏差及不可比性。由于样本量较小和研究区间较短两大问题难以突破，学者们所得出的基金评价结论在说服力和稳定性方面都会受到影响。

本书全面研读了国内外有关基金业绩评价的相关文献资料，借鉴了国内外市场上具有一定知名度的评级机构的私募基金业绩评级体系和方法，针对国内私募基金行业的特点，对如何科学、全面地选取业绩评价的表征指标，如何构建私募基金业绩评价体系，如何准确量化私募基金业绩等问题进行了探讨，并在此基础上初步构建了一套私募基金业绩评价指标体系。同时，本书还创新性地将灰色聚类模型引入私募基金业绩评价中，构建了一个适合于私募基金业绩评价的模型，并进行了实证研究。

对上述问题的探讨，以及对新的研究方法的运用，不仅创新了私募基金业绩评价理论，进一步充实了私募基金领域的研究成果，还丰富了基金业绩评价领域的研究内容。

（2）实践意义。

从实践方面来看，对私募基金的业绩进行评价有如下几个方面的现实意义。

第一，有利于整个证券市场的稳定、健康发展。私募基金经过近几年的扩张发展，其产品数量、管理资金规模、行业影响力都得到迅速提升，但其特定的募集方式、募集完成后较长的封闭期特点，以及基金管理者的利益主要取决于基金绝对收益的收益分配模式，决定了私募基金管理者投资风格更倾向于追求高风险、高收益；同时，这种面向少数人的私募方式使其接受投资者的监督程度低于公募基金；较长封闭期的规定使投资者在对基金经理的行为约束方面处于被动地位，即使发现基金经理的冒险行为，在封闭期也无法赎回，这都助长了私募基金的冒险行为。而蕴含巨大资本能量的私募基金群体投资风格方面的投机性、冒险性特点在活跃证券市场的同时，也会造成证券市场的波动。因此，通过研究私募基金的业绩，评价私募基金的风险收入、收益水平和业绩的持续性，并进一步预测私募基金接下来的业绩，能够为投资者、私募基金管理公司、私募基金经理及监管层提供相应的参考，为整个证券市场的稳定、健康发展提供保障。

第二，有利于提高证券市场的运行效率。从全球基金业发展的经验来看，私募基金是经济发展到一定阶段后社会财富积累的产物。私募基金是面向机构投资者和富裕人群的投资工具，通过这种投资工具可以集聚较大规模的资金，并通过证券市场进行资源的合理配置，增加证券市场的流动性和价值发现功能。本书通过系统研究私募基金的业绩评价，提出适合于我国私募基金未来发展的建议，引导私募基金坚持价值投资理念，提高证券市场的运行效率。

第三，为投资者购买私募基金提供科学的决策依据。个人投资者多半是依据媒体公开发布的私募基金净值涨落决定投资，片面强调净值极有可能会导致私募基金经理一味追求高净值回报，而忽略潜在的风险。科学的基金业绩评价标准应该是综合的，而不是单一的，除了净值回报率，还要考虑风险因素、基金经理人选股择时能力、业绩持续性等。运用多种指标对私募基金的收益能力和风险能力进行研究，可以帮助投资者辨别不同私募基金的收益、风险情况及基金经理的综合能力，使他们能够从海量的私募基金产品中准确、高效地选择适合自己投资需求的产品或者产品组合，从而做出正确的投资决策。

第四，为私募基金管理公司的运作提供参考。通过对私募基金业绩进行横向比较，私募基金管理公司可以确立旗下私募基金的行业地位。目前，私募基金经理之间的竞争非常激烈，私募基金业绩评价不仅可以反映出基金经理的努力程度和业绩水平，还可以依此分析其投资计划是否达到或超过投资目标，发现投资计划的不足，判断基金投资策略在市场中的适应能力，总结管理成功的经验，提高公司的经营管理水平，为私募基金管理公司的运作提供参考。

第五，为监管者制定或完善监管规则提供依据。市场监管者通过借鉴科学、完备的私募基金业绩评价体系对私募基金的业绩和运行状况进行监控，并以此作为制定和完善监管规则的依据，促使监管者改善私募基金行业发展的法律环境和政策环境。

总之，随着私募基金行业的快速发展，特别是私募基金产品的不断丰富，我国现阶段相对滞后的私募基金业绩评价研究越来越难以适应私募基金市场的进一步发展。建立一套科学、完备的评价体系，使市场各方能够对私募基金的优劣进行客观评价，不仅丰富和完善了现有私募基金业绩评价理论，同样也有着非常重要的现实意义。

1.2 研究内容和研究框架

1.2.1 研究内容

本书重点研究私募基金的业绩评价，私募基金按照投资方向划分，可以分为证券类私募基金、股权类私募基金和其他类私募基金。限于数据获取的难易程度，证券类私募基金是本书重点研究的对象。对于私募基金的业绩评价，本书采取了“两步走”的方式，即：第一步，通过现有各类评价指标对不同基金的实际业绩表现进行不同层面的单独评价；第二步，通过本书所构建的模型处理基金业绩数据，得到单一化指标，进而实现对基金业绩表现的评价。其中，第一步的主要内容包括：①对考察区间内基金的收益率及经风险调整的收益率指标进行评价，以了解不同基金的收益能力，以及基金相对于市场基准的表现；②对考察区间内基金的风险水平进行评价，以了解不同收益率基金的风险水平，进而对基金投资风格进行具体判断；③对基金经理的选股择时能力进行评价，进而评价基金管理水平与收益水平；④对基金业绩的持续性进行评价，主要考察基金在不同市场中是否具有稳定、持续的收益表现。

1.2.2 研究框架

本书研究框架如图 1-2 所示。

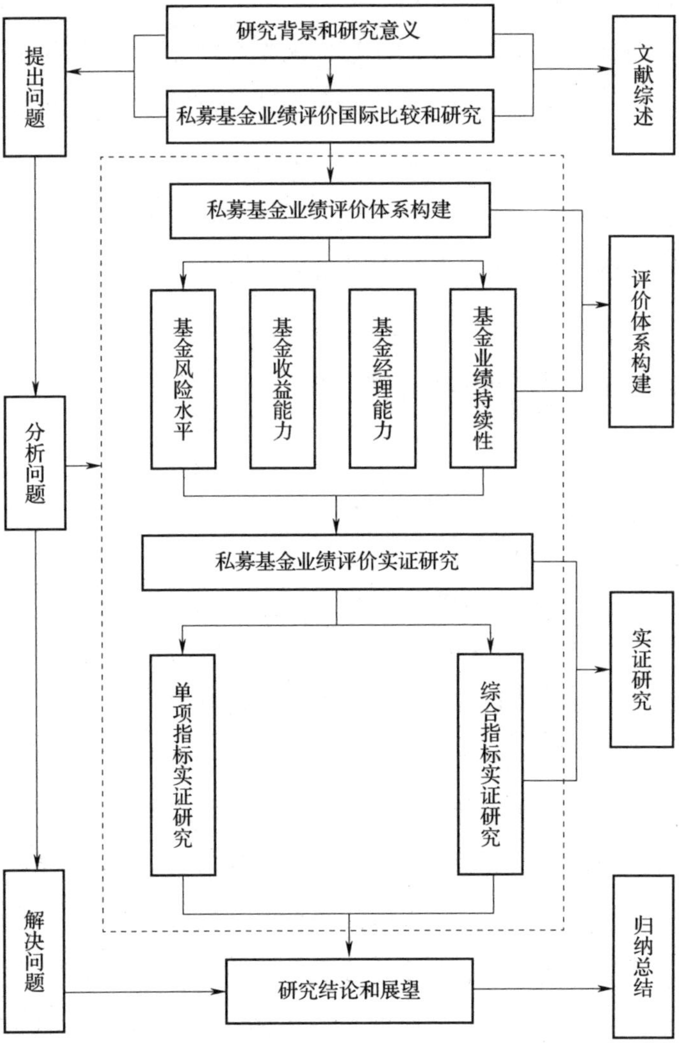

图 1-2 本书研究框架

1.3 研究方法和创新之处

1.3.1 研究方法

根据研究的需要，本书主要采用文献分析法、层次分析法、灰色聚类法。

一是文献分析法。笔者在写作过程中认真研读了国内外大量的相关文献，特别关注有关基金评价的相关理论成果，为私募基金业绩评价指标的选择奠定基础。

二是层次分析法。通过对评价目标进行层层分解，逐步形成一级指标体系和二级指标体系。具体方法为对同一层次各个指标间的两两比较建立该层次判断矩阵，通过求解该层次评价矩阵的特征值得到该层次各个指标的权重。

三是灰色聚类法。在层次分析法的计算过程中，利用灰色聚类法将全部专家对某一指标的打分聚类、加权平均为评分区间内的某一得分，并以此作为层次分析法的数据源。

1.3.2 创新之处

本书的创新之处主要有以下几点。

一是在选取评价指标过程中，本书不仅参考了国内外最新的理论研究成果，同时借鉴了目前在全球具有一定影响力的评级机构的基金业绩评价体系，评价指标的选取更具代表性。

二是目前对私募基金业绩评价的研究多是围绕零散指标的分析展开，并未形成学术界与实务界广泛认可的评价体系。本书综合考虑了私募基金的收益、风险、业绩持续性、基金经理选股择时能力等不同方面，通过合理选取各项能力的指标，构建了一套较为完整的私募基金业绩评价体系，丰富了私募基金业绩评价领域的研究内容。

三是在评估体系权重化、模型化的过程中，本书采用了新的研究方法——灰色系统研究方法。该方法在企业评价、城市评价、科研项目评价等领域已有广泛应用，但在私募基金业绩评价方面还未被运用过。本书所采用的灰色系统研究方法中的灰色聚类法能够有效消除专家打分时所产生的偶然性，使计算结果在符合专家的主观认知的同时更符合客观规律，能够如实反映出基金业绩表现的优劣。

四是本书基于灰色系统 GM（1，1）模型，提出了一个对私募基金未来业绩进行预测的简单而实用方法。证券市场作为一个复杂的非线性动态系统，其多因素、非线性、时变性等特点导致传统的时间序列预测技术（如依靠经验与图表进行预测的方法）效果不佳；并且由于私募基金市场是信息未知程度更大（信息的不完全披露）的不完全有效市场，因此本书利用针对不确定性系统而采用灰色系统研究方法预测股市的优势格外明显。目前，灰色系统模型在公募基金领域的应用已经取得了一定的成果，但是这一理论尚未应用于私募基金业绩预测。

第2章 文献综述

基金，广义上来说是为了某种目的而设立的具有一定数量的资金。狭义上来说特指证券投资基金，也就是通过资产组合进行证券投资的一种利益共享、风险共担的投资方式。它通过发行基金单位集中资金，并被交于基金托管人托管，而其管理与投资则由基金管理人负责。基金按照资金募集方式与来源的不同被分为公募基金与私募基金。

私募基金在我国发展迅速，但由于起步发展较晚，所以尚未形成一套公认的业绩评价体系。在研究方法上，学者们多是套用国外基金已有的理论成果，借鉴国外比较通行的基金评价体系展开对私募基金业绩评价的实证研究。我国的基金评价体系是在借鉴国外方法的基础之上建立起来的，因此往往出现国外方法在国内的“水土不服”，方法虽好，却难以解决中国的问题。可以说，建立一套科学、合理的基金业绩评价体系是我国基金行业亟待解决的问题。

2.1 国外基金业绩评价文献研究

2.1.1 国外基金业绩评价指标研究

20世纪70年代后，美国的基金业迅速发展，基金业绩评价引起理论界及实务界的高度重视，相关成果大量涌现。

该方面研究大致从20世纪60年代开始，分为三个阶段。

第一阶段：1965年之前，基金的评价指标停留在较为原始的水平上，主要指标有净值收益率、年收益率、算术平均收益率、加权时间收益率等。

第二阶段：1965年之后至20世纪80年代，这个阶段风险因素被纳入评价体系中，经过风险调整后的指标得以快速发展。Sharpe等人（1964）在Markowitz（1952）建立的现代资产组合理论的基础上发展出基本资产定价模型（CAMP）。随后Treynor（1966）将系统风险因素（β）引入评价指标当中，并提出经过系统风险调整的基金业绩评价指标Treynor指数。Sharpe（1966）在资产组合能够完全消除系统风险的假设下，将标准差作为衡量基金风险的指标，将单位系统风险的超额收益作为基金业绩的评价指标，进而提出Sharpe指数，且通过计算发现基金的平均α值（平均业绩）比道琼斯指数低0.34%。Jensen（1968）则利用资本定价模型，通过风险调整计算了各基金的α值（被称为Jensen指数），实现了对共同基金的实际收益与预期收益的计算；Jensen在与道琼斯指数对比中发现Jensen指数均值为–1.10%。至此，基金业绩评价的三大经典指标正式形成，至今仍是国际上较为成熟并被广泛采用的量化指标体系。

第三阶段：1970年前后，三大经典标准被接受之时，Friend等（1970）、Carlson（1970）、McDonald（1974）等对Jensen与Sharpe的成果进行进一步研究的时候，却得出了α值为正这一完全相反的结论。随后Roll（1978）与Grinblatt等（1989）开始批评三大经典指标所使用的方法。这些批评集中于CAPM的有效性及基准组合的选择问题。批评者认为CAPM不一定是一个正确定价模型，因为它只考虑到了市场这一个影响证券收益与风险的因素，而实际上这些因素是多方面的；对于基准组合的选择问题，批评者则认为利用普遍意义的指数作为基准组合其收益率是偏高的，其原因在于构成指数的证券组合经常变动。

对于这些争议的研究随后展开，Grinblatt 与 Titman（1989）提出使用基金过去的证券组合权重为基准组合衡量基金的投资业绩，并通过检验解释了 α 为负的问题。而针对 CAPM 模型的缺陷，Fama 与 French（1989）将市场因素、规模因素、账面—市场价值因素纳入模型中，建立了三因素模型。在此基础上，Carhart（1997）引入证券收益率态势变量，建立了四因素模型。这些对指标的研究推进了对于影响基金绩效因素的研究。

同时，对于不依赖 CAPM 模型的评价指标的完善也一直在进行。由于 Sharpe 指数难以对其提出直观的经济解释，Franco Modigliani 与 Leah Modigliani（1997）提出 M^2 测度，使调整风险时得到更为直观的经济解释。而 Michael Stutzer（2000）则构建了衰减度这一新的指标，它修正了 Sharpe 理论中基金收益率服从独立、一致的正态分布这一假设。由于这一指标允许基金收益率收敛于各种分布，并根据分布的峰度与偏度修正指标，因此适用性与合理性优于 Sharpe 指数。Lahmann 与 Modest（1987）首次使用 APT 模型对基金进行业绩评价的研究并得出基准市场组合与基金业绩度量方法的选取对基金超额收益表现的度量结果会产生重要影响。Mertens（2005）建立了 Sharpe 指数与基金收益率峰度、偏度之间的关系，用以修正 Sharpe 指数在实际应用中的部分缺陷。

2.1.2　国外基金经理选股择时能力研究

20 世纪 80 年代初，基金业绩评价的重点从 20 世纪六七十年代整体业绩的研究转移到基金业绩的分解部分——证券选择能力与市场时机选择能力上来。在这些研究当中，利用时间序列分析法对这两项能力的分析则占到了绝大多数。

Treynor 与 Mazuy（1966）首次对基金经理的择时能力进行了定量分析，并在 CAPM 理论的基础上将二次项引入模型，由此提出了 T-M 模型，并利用模型得出证券投资基金不具备良好选股择时能力的结论。

Henriksson 与 Merton（1981）则在 T-M 模型的基础之上引入代表市场

环境的虚拟变量，由此提出 H-M 模型。Henriksson 与 Merton 对美国 116 只开放基金在 1968 年到 1980 年的月度数据进行了分析，其结果高达 62% 的基金显示市场时机选择能力的二项式参数 c 值显著为负，即基金整体不具备明显选股择时能力。

Alexander 与 Stover（1980）利用 T-M 模型对 49 只基金（1966—1971）进行了实证分析，得出基金整体具有一定选股能力而不具备明显择时能力的结论。而 Kon（1983）利用 T-M、H-M 模型对 37 只基金（1960—1976）进行的实证分析，以及 Hallahan 与 Faff（1999）利用 T-M、H-M 模型对澳大利亚 65 只基金进行的实证分析，均得出基金整体有一定择时能力而选股能力并不显著的结论。

Bhattacharya 与 Pfleiderer（1983）对 T-M 模型进行了进一步的改良，调整了市场整体收益率的预测值，减小了预测误差的波动。在这一方法的指导下，Bhattacharya 与 Pfleiderer 通过对 1970 年到 1980 年 73 只具有代表性的基金的数据分析，同样得出证券投资基金整体不具备明显的选股择时能力的结论。

Chang 与 Lewellen（1984）在 H-M 模型的基础上，将市场环境划分为上升期与下降期，并对市场风险进行分类，分别根据不同风险系数探索在不同市场经济背景下基金经理人的选股择时能力，进一步提出 C-L 模型。其优越性在于即使实证检验结果不支持基金整体具有显著选股择时能力（两人的研究结果确实也是如此），研究者也能检验基金在不同的市场背景下的特点。

20 世纪 80 年代，对于 CAPM 模型的批评延伸到其在选股择时能力评价的应用上来，由于基于 CAPM 模型所建立的 T-M 与 H-M 模型的预测结论缺乏显著的数据支持，理论界对其的反思也同步展开。

Lehmann 与 Modest（1987）利用套利定价模型将指数收益率、公司账面市值比、股票市值规模等因素纳入模型中来，弥补了 CAPM 模型收益率仅与市场系统风险相关的缺陷。Fama 与 French（1989）提出了包含三个因素（市场因素、规模因素、账面一市场价值因素）的 FF-3 模型，并在这个基础之上将其与 T-M、H-M 模型结合，发展出 T-M-FF-3 与 H-M-FF-3 模型。而 Carhart（1997）在 FF-3 的基础之上增加证券收益率态势变量，建立了所谓四因素模型，并通过实证检验发现这一改良有效降低了平均定价误差。

Busse（1999）则开创性地提出利用波动性分析研究基金经理的选股择时能力。他摒弃了传统的 CAPM 理论体系下的模型，提出 Busse 模型。在此模型的指导下，他得出时间频率越短，检验出的择时能力越显著，且当市场剧烈波动时，基金经理具有调整投资组合以降低市场波动风险的时机选择能力。此后 Busse 选时模型与非参数研究法逐渐兴盛起来。

2.1.3　国外对基金业绩持续性的研究

20 世纪 60 年代前后，随着 Markowitz（1952）的投资组合选择理论与 CAPM 模型等一系列具有重大影响的理论取得突破性进展，学术界对投资组合业绩展开评价。由于基金业绩的持续性是基金评价的前提，因此相关研究工作也在同步进行。早期的研究围绕着“市场有效假说”展开，通过验证基金能否获得持续的超额回报来验证基金业绩的持续性；而随着研究基金业绩持续性方法的增加，相关研究逐步聚焦于持续性来源的研究。

Sharpe（1966）是最早对基金业绩持续性展开研究的学者。他在对 1944—1953 年及 1954—1963 年的 34 只开放式基金进行排序时发现前期排名在一定程度上可以预测后期排名，由此便产生了基金业绩持续性的问题。

Jensen（1968）对基金业绩评价研究后指出，基金管理者不具有预测能力，因此认为开放式基金不存在业绩的持续性。

而到了 20 世纪 80 年代之后，随着有效市场假说被不断批评，而股票的股价与时间的关联性被不断发现，关于基金业绩持续性的讨论重新被重视起来（因为当时的研究发现并不是所有的信息都被市场反映到股价上）。

Grinblatt 与 Titman（1992），以及 Goetzmann 与 Ibbotson（1994）相继发现基金若能获得超额收益，则未来一段时间内这只基金仍将表现良好。

随后，Malkiel（1995）及 Brown 与 Goetzmann（1995）均采用非参数方法（列联表检验法）通过实证分析验证了基金业绩持续性的存在。

目前国外对基金业绩持续性是否存在的研究所使用的主流方法是横截面回归法、列联表检验法，其他的方法如马尔科夫检验、K-S 检验等也有使用，但并不广泛。

目前国外学界对基金业绩持续性来源这一问题尚存较大争议，大致上来源分为三类：业绩比较基准的选择、数据质量问题、股票动量效应。

针对业绩比较基准的选择，Grinblatt 与 Titman（1994）经过研究后认为，业绩基本上能够影响业绩持续性，在传统的影响基金业绩的指标中，换手率与持续的超额收益存在显著的正相关关系。

关于数据质量，由于金融市场上表现不好的基金产品会被合并、清盘，从而导致存续至今的基金业绩评价要高于市场上基金的实际业绩水平。针对这一问题，Malkiel（1995）通过 1982—1990 年对存续与清盘的基金的研究，证实了这种差异的存在。Carhart 等人（2002）则得出这种存活偏差无法避免，而且评价期越长，存活偏差对于业绩持续性的削弱作用越大。基于此，Baquero 等人（2005）建立了基金清盘模型，分析基金表现与清盘之间的关系，并在此基础之上对基金业绩加权处理，以此修正存活偏差。

关于股票动量效应的问题，Jegadeesh 与 Titman（1993）发现了股票市场一年期的“动量效应”。Carhart（1997）则在 FF-3 模型的基础上将动量因子引入模型，这一模型的规模因子与动量因子很好地解释了 CAPM 模型中风险值相近而收益率差异明显的问题，并表明投资者可以通过卖出前期表现差的产品，买入前期表现好的产品，以此获得超额收益。这一结论在一定程度上证明了优秀基金的业绩是可以具有一定持续性的。

目前，国外逐渐流行起来的许多基金业绩评价方法衍生自较为高级的数学方法，如神经网络、灰色系统、模糊数学、数学规划、遗传算法、混沌理论等。这些方法多从系统、整体的角度出发，避免直接分析多个自变量与因变量之间复杂的逻辑关系，为基金的业绩评价开辟了崭新道路，拓展了研究者的理论视野，具有启发性。

2.2 国内基金业绩评价文献研究

我国私募基金的发展时间虽短，但是成长迅速，国内相关研究也在逐步丰富。目前对于基金业绩评价的研究大部分是针对公募基金展开的，也有相关学者选择了小部分私募基金与公募基金进行对比分析。目前国内的相关研究大部分是结合国外学者的理论成果对我国公募基金与私募基金业绩的现实情况进行评估，其意义在于帮助掌握目前我国基金的市场态势，做出合理的投资策略。

当然，也有学者在理论创新方面做了很多卓有成效的尝试，提出不同于现有经典、被广泛使用的极富启发性的指标和方法，对基金业绩评价进行了创新性研究。

2.2.1 经典指标指导下的基金业绩研究

三大经典业绩评价指标（Sharpe 指数、Treynor 指数、Jensen 指数）由于其数学形式简单、经济含义易于解释而被实务界与理论界广泛运用。在国内三大指数也是被应用最为广泛的风险调整后的指标，相关的实证研究也相当丰富。

李彪（2007）利用三大风险调整指标，对于 2007 年 1 月 1 日至 2009 年 6 月 30 日的 10 只开放式基金及 5 只证券投资类信托计划（即阳光私募基金）进行了实证分析。其市场基准组合收益率采用了中信综指占 80%、中信国债占 20% 的方法，其结论显示公募基金与私募基金在分散系统风险方面上的优势。其研究还表明两种基金的平均 Jensen α 值均为正值，即基金跑赢了市场，且私募基金的表现优于公募基金。除了华夏大盘、中国龙稳健、中国龙资本，其他基金的回归均未通过 5% 的显著性水平检验，所以对于两组基金的优劣判断实际上并不可靠。但是华夏大盘、中国龙稳健、中国龙资本所表现出来的显著的超常收益能力为进一步的研究指明了方向。

李彪的研究样本数量不足，有可能导致结论误差较大。其得到的以绝对收益率为标准基金不能从整体上战胜市场的结论，实际上缺乏足够的样本数据支撑。同样，由于样本的局限性，Jensen α 值的回归结果并不显著，基金能否在超额收益方面跑赢市场这一争议并未得出令人信服的结论。另外，在对风险的衡量的指标上，其只是采用了 β 值（样本基金收益相对于基准组合收益的波动率），并未使用标准差这一更为传统的指标。

张静（2013）利用三大指数对公募基金与私募基金在市场不同走势下的业绩进行了实证研究。她选取了 2009 年 1 月 1 日至 2012 年 11 月 21 日的 40 只私募基金与 50 只公募基金（包含 10 只封闭式基金和 40 只开放式基金）作为样本数据。在基准组合的选取上，其借鉴了潘瑞军（2011）及邱龙淼（2012）的研究结论，采取上证综指收益率与深证成指收益率各占 40%、无风险收益率占 20% 的方法构建标准。其结论指出，私募基金在市场上升周期月平均收益率（4.51%）明显高于同期公募基金的表现（1.82%），在市场震荡周期中，两种基金所持股票所表现出来的月均平均收益率并无显著区别，而私募基金在市场下降周期中月平均收益率（–0.63%）低于同期公募基金的表现（1.96%）。综合整个时间周期（2009—2012 年），私募基金与公募基金的业绩表现并未表现出明显优劣。

张静的研究侧重于公募基金与私募基金的绩效对比，因此选择的方法较为保守，仅局限于三大指标的实证研究，方法并无太多创新之处，因此其得到的平均α值为负、基金未能跑赢市场基准的结论与20世纪60年代的Jensen等人得到的结论相仿。但是其所选择的研究对象具备科学性，基金数量充足，且公募基金考虑到具有开放与封闭之分（按照市场比例选取了10只封闭式基金和40只开放式基金），其选取基金的时间也较为合理。2009年至2012年，股市经历从牛市到震荡再到熊市的转变（2009年1月到2009年12月为市场上升周期，2010年1月到2011年12月为市场震荡周期，2012年1月到2012年11月为市场下降周期），在此区间内张静完成了对三个阶段的独立与综合分析。其得到的私募基金对市场变化更为敏感，但私募基金与公募基金在业绩上并未表现出显著差异的结论对于实务界有一定参考价值。

除了上述两人的研究之外，其他一些学者在研究基金或私募基金的过程中也将三大经典指标作为研究内容的一部分进行了实证研究。

邱龙淼（2012）在研究阳光私募基金的评价体系构建时同样采用了三大经典指标，并选择了我国41只2008年之前成立的阳光私募基金，在时间段上以基金成立的时间为起点，以2011年12月31日为截止时间，系统考察了这个区间内41只阳光私募基金的业绩，并进行了实证检验。其结论与大多成熟市场的状况相吻合：仅以收益率为标准，阳光私募基金的表现确实优于市场基准组合；但是经过风险调整后，大多数基金并未超越市场，即我国的阳光私募基金整体上并未战胜市场。

另外，王凯俊（2014）则在利用Treynor指数与Jensen指数分析133只私募基金与公募基金时得出了（阳光）私募基金的表现整体上优于公募基金的结果。其在利用收益率标准差与β系数验证风险水平时发现，（阳光）私募基金与公募基金的风险水平存在显著差异，且私募基金的风险整体上小于公募基金的风险，经风险调整后的指标显示：（阳光）私募基金内部业绩分化较为明显。因此有理由认为，基金的管理水平与经理人的特征对于（阳光）私募基金的业绩有着显著影响。

2.2.2 经过改良的基金业绩评价方法

随着对于基金业绩研究的深入，国外的许多研究结果指出三大经典指标是存在缺陷的。于是，对于指标缺陷的改良研究逐渐丰富起来。国内许多学者也尝试在三大指标的基础之上采用更具启发性的方法对基金业绩进行评价。

段文军（2005）对开放式基金进行业绩评价研究时，不仅利用了三大经典指标对其衡量重点进行研究，而且还对 20 世纪 90 年代后期出现的一些新的考核基金经理管理资产组合能力的指标进行了较为全面的总结，并分别利用这些指标对 15 只开放基金进行了实证分析。

段文军在研究中使用了 M^2 业绩评价方法、盈亏比、衰减度及晨星公司的下滑风险调整收益的 Sharpe 比指标对样本基金进行了分析、排序。M^2 业绩评价方法是针对 Sharpe 比指标难以进行直观的经济解释这一问题提出的。这一方法将资产组合与无风险资产混合得到与市场风险水平相同的混合资产组合，并反映出混合资产组合收益高出市场收益的大小，以此反映资产组合的超额收益能力。盈亏比是指基金相对于市场基准组合的超额收益序列产生盈利与亏损的概率的比值，是一个较为直观的指标。衰减度则是针对 Sharpe 比指标假设基金收益率服从独立、一致的正态分布这一局限性提出的推广方法。风险调整收益的 Sharpe 比指标是目前美国资本市场较为重视的一种指标，它由在美国具有较大影响力的基金评级机构——晨星公司提出，该指标的计算方法是利用相对收益下滑风险值替换 Sharpe 比指标的分母（收益率标准差）。收益下滑风险值这一指标相对于收益率标准差这一指标的优势在于：它消除了波动在无风险收益率或者基准收益率之上的部分对于真正潜在损失的计算的干扰，因此该方法具有一定的合理性。

使用 M^2 业绩评价方法得到的基金排序结果与使用 Sharpe 比指标所得到的排序是相同的。段文军从数学形式与实证结果两个方面证明了这一指标与 Sharpe 比指标的直接联系，在利用衰减度评价这 15 只开放式基金时所得到的结果与 Sharpe 比指标所得到的结果只有细微的区别。

段文军对于评价方法的总结较为全面，进行实证分析所利用的方法也多为国内实证研究使用频率不多的方法，因此研究角度较为新颖。其还对各种评价指标之间的内在关联进行了详细的推导，对于评价体系的构建具有一定指导意义。但是其样本数量不足，导致部分指标的优越性并未得到体现，如衰减度对 Sharpe 比指标的基金业绩分布呈现独立正态分布的假设做了修正，使其能够适应具有一定峰度与偏度的高斯分布。然而，其所研究的 15 只基金数量太少，使高斯分布接近于正态分布，从而导致衰减度指标的修正作用并不明显。

姜宽（2013）在其研究中使用了基于 DEA 调整的 TOPSIS 法对阳光私募基金进行了业绩评价。姜宽将 TOPSIS 法应用于阳光私募基金的实证研究尚属国内首次。TOPSIS 法是一种利用特定的距离算法计算样本相对最优目标与最劣目标的距离，进而对样本进行评价的方法。所谓距离在阳光私募基金业绩研究中实际上代表的是一种综合衡量指标。在距离计算的过程中，姜宽选择了熵值法这一较为客观的方法进行各单项指标权重的计算，并利用 DEA 模型对 TOPSIS 法进行了修正。在对 2008 年 1 月至 2012 年 5 月 82 只阳光私募基金业绩分析的过程中，姜宽利用上述方法对这 82 只基金进行了综合指数的计算与排序。

TOPSIS 法是一种理想目标相似性的顺序选优技术，对于多目标决策分析较为有效，在企业、区域实力评价及项目选择中得到广泛应用，并在开放式基金业绩评价中得到初步的运用。姜宽的研究着眼于将这一方法应用于阳光私募基金的业绩评价上，角度较为新颖，其权重计算方法较为严谨，并考虑到投入效率与产出效率可能会出现失真的情况，利用 DEA 方法对 TOPSIS 法进行了修正，进而得到较为可靠的结果。然而，单项指标的选取与其所占权重的差异会导致评价结果的差异，而实务界与学术界目前对于指标与权重尚无统一标准，各大评级机构都有各自固定的一级指标种类及所占权重。而在姜宽的研究中，基金的流动性因素未被纳入评价体系中，权重计算方法的有效性也并未得到实证研究的验证。

类似构建综合指数的研究还有邱龙淼（2012）利用 Pearson（1901）提出的主成分分析法，将其研究中所提出的 11 个单项指标划分为四项能力指标（收益、择时、风险、持续性）进行因子分析，得出子因子对主因子（收益率）特征值（方差）的贡献率，并以此作为各子因子得分权重，从而计算出因子总得分。邱龙淼利用这种方法对 41 只阳光私募基金进行了排序。

蓝海平与陈锐（2014）在研究阳光私募基金的绩效评价时，利用 PSR 统计量对 Sharpe 指数进行了修正。使用 Sharpe 指数时有一个前提假设，即基金业绩分布满足独立、一致的正态分布。但是大量实证研究表明，基金业绩的分布呈现出非正态统计特征。因此，在实际使用的过程中，Sharpe 指数对实际业绩水平的反映会存在一定误差。在借鉴了 Mertens（2002）对 Sharpe 指数与收益率序列高阶矩关系的研究，以及 Bailey 与 Prado（2012）引入概率 Sharpe 比率（PSR）的基础上，蓝海平与陈锐对市场上存在或存在过的具有有效数据的 1317 只基金进行了业绩评价，并对业绩评价的统计显著性做了研究。通过分析，他们发现在 1300 只阳光私募基金中只有不到 3% 的产品表现出稳健的投资管理能力，只有不到 1.5% 的产品具有稳健而持续的投资管理能力。

蓝海平与陈锐的研究借鉴了国外最新的理论成果，其研究方法对于 Sharpe 指数有着良好的修正作用，对单只基金的业绩能够做出综合的度量，能够对于单只基金的风格做出评价（通过 PSR 统计量的特征判断该基金激进程度），对于甄别业绩表现良好且稳健的基金有着良好的效果。但是此方法也存在一定局限性，由于 Sharpe 比率的统计显著性与业绩记录序列长度直接相关，又由于阳光私募基金作为一种新兴的投资方式，研究者所能获得的数据较为有限，所以，很多基金的回归结果无法通过统计显著性检验。

其他的改良方法还有曹建钢（2010）在检验各种指标排名结果的相关系数的过程中所使用的低偏矩指标（包括一阶低偏矩 Omega 比率、二阶低偏矩 Sortino 比率、三阶低偏矩 Kappa 3 比率）、收益跌幅指标（基于最大损失计算的 Calmar 比率与基于最大损失均值计算的 Sterling 比率）、VaR（在险价值）指标。但这些评价方法并未被广泛接受，只是在一些独立的研究中涉及。

2.2.3　基金经理选股择时能力研究

相较于公募基金，私募基金在投资上具有灵活性和策略多元化的优势，在提取收益分成的激励机制下，能够降低委托代理成本，激发基金经理的潜力。私募基金在运营体制和激励机制上的优势体现为更优秀的选股择时能力。

所谓选股能力指的是挑选出估值水平上升或价值被市场低估的股票，通过持续挖掘这些股票提升业绩，拥有超额完成业绩的能力。择时能力是动态配置资产的能力，通过预测市场的上升与下跌，调整投资产品的种类比例，进而获得超额收益率的能力。基金经理是否具有选股择时能力直接关系到基金是否具有超额收益率，因此国内产生了大量的围绕私募基金的选股择时能力的实证研究。

王磊（2012）对 2008 年 1 月至 2012 年 5 月的 81 只私募基金的业绩进行了时间区间分段（市场上升期、市场震荡期、市场下降期）及全区间的分析。分析表明，我国阳光私募基金并没有表现出明显的选股能力，但是表现出了显著的择时能力。王磊在分段分析中发现，在市场上升期与市场下降期基金经理的择时能力显著为正，在市场震荡期基金经理的择时能力显著为负，市场在上升期与震荡期基金经理的选股能力很强，但是在下降期基金经理的选股能力很弱。

王磊的研究将基金的业绩进行了分段研究，分析了基金经理在不同市场环境下表现出来的选股择时能力。王磊不仅对基金经理的选股择时能力进行了实证分析，还在分析的过程中对回归模型进行了对比、创新。他将收益选时模型 T-M 模型与波动选时模型 B-M 模型结合，构建了 TB-M 模型，并对这三种模型在单项基金及基金整体评价方面做了对比。其结论显示 B-M-FF3 明显优于其他二者。但实证分析的样本只是采用 2008 年之后且 2012 年仍在存续期内的基金，被清盘、合并的基金并未被考虑在内，存活偏差的存在会使基金选股择时能力的评价偏高。

刘夏（2014）也采用了 T-M 模型对股市繁荣期与经济危机时股市低迷期的 11 只成立于 2007 年的阳光私募基金进行了分析，得出了与王磊（2012）的研究相似的结论。然而，由于样本选取区间的限制，其选取的样本数量较少，实证方法较为单一，因此对于已然发展壮大的阳光私募基金整体的评价尚缺乏足够支撑。

李瑞涛（2015）对 2008 年 1 月 1 日到 2013 年 5 月 17 日年度复合收益率及累计回报等排名表现最为优秀的 30 只私募基金使用 T-M 模型、T-M-FF-3 模型，以及使用公共信息因素修正的 T-M-FF-3 模型进行了回归分析。其结果显示这些表现优秀的基金显著具备选股能力或择时能力，大多数样本整体上以具备显著的择时能力为主，而很少有具备选股能力的基金。这些私募基金的选股能力与择时能力表现出一定负相关关系，说明目前市场上表现优秀的基金大多靠选股能力与择时能力中的一种来获得超额收益率。其实证分析结果还表明，具有显著选股择时能力的私募基金在业绩上要好于不具有显著选股择时能力的基金，验证了选股择时能力是影响基金收益的重要因素这一结论。

李瑞涛的研究在模型的构建上具有一定的创新性。由于证券市场受政策、市场人气度的影响比较显著，私募基金会根据政策与市场人气度调整资产配置。李瑞涛采用市场人气度来反映公共信息，并以此衡量私募基金的择时能力。从实证结果来看，对于模型的改进提高了检验结果的显著性，得到的上述结论也与私募基金无仓位限制，择时能力较公募基金强的现实状况相吻合。可以说，李瑞涛对于模型的修正在实证上取得了不错的效果。

裴康征（2015）则利用 T-M 模型对股票“做多策略型”51 只私募基金与股票“多空策略型”27 只私募基金进行了选股择时能力的对比分析，得出股票“做多策略型”私募基金与股票“多空策略型”私募基金在选股能力上不存在显著差别，但是在择时能力上股票“做多策略型”私募基金的表现更为优秀。裴康征还指出，大多数阳光私募基金没有正向选股能力，但普遍具有择时能力。

裴康征的研究考虑到采取不同投资策略的私募基金对于选股能力、择时能力的倾向性不同，所以选择了对于选股、择时能力较为依赖的股票“做多策略型”私募基金与股票“多空策略型”私募基金进行分析，从而避免货币性基金与债券型基金等股票占比少的产品带来的误差。但是裴康征的研究并没有将已清盘的基金纳入样本之中，所以，存在一定的存活偏差；而且其使用方法较为简单，缺乏更为丰富的实证手段。

除了采用上述利用 T-M 模型进行的实证分析，段文军（2005）还使用 H-M 模型与 C-L 模型对 15 只开放式基金进行了选股择时能力的实证分析。两种模型取得的一致的结果表明：除基金鹏华行业成长外，各基金显示出显著的股票选择能力，而除了基金华夏成长、鹏华行业成长、国泰金鹰成长、长盛成长价值之外，其余基金不具有显著的市场择时能力。

2.2.4 基金业绩持续性研究

由于私募基金起步晚，研究时间短，信息披露不完全，目前对于私募基金业绩持续性的研究极少。

吴伟（2016）利用业绩二分法与构造投资组合的方法研究了从私募基金有业绩披露开始至 2016 年 6909 只有业绩披露的私募证券投资基金的月度经调整单位净值。吴伟的研究指出，我国阳光私募基金在单边市场较易表现出持续性，在单边上涨与单边下跌的市场环境中表现出业绩持续性，在底部反转与顶部反转的环境下表现出业绩反转性，而在市场震荡期则并未表现出规律。

吴伟是较早研究阳光私募基金业绩持续性方面的学者，研究对象本身就是其创新之处，其选用的样本时间跨度长、样本数量广，基本涵盖了阳光私募基金披露的全部数据，因此在国内的阳光私募基金的持续性研究中属于较为优秀的研究成果。在其研究的过程中，样本的选用尽可能避免了排序期存活偏差对样本数据的影响。当然，由于排序期时间跨度长，无法无限细分，存活偏差的影响仍然存在。吴伟同时对 2015 年 8 月阳光私募基金“备案制”实施前后的阳光私募基金的业绩进行了研究，发现“备案制”实施之后私募基金的业绩低于之前的结论。

冯恂（2006）在研究证券投资基金的成因时，研究了基金的选股能力，创造性地提出一个基金绩效与股票质地的互动模型。这一模型基于 Randolph 与 Joshua（2002）提出的一种评价基金绩效的新方法。在实证分析中，评价指标与基金经理选股能力的相关性有明显提升，说明这是一种有效的方法。在研究基金的择时能力时，通过基金仓位与大盘指数之间相关性这一独特角度的研究，得出并不显著的负相关系数的结果，说明证券投资基金缺乏择时能力，这一结论对后续研究有一定参考价值。

李德辉（2006）对证券投资基金的持续性做了系统研究。李德辉先利用持续性检验的主流方法——横截面回归法与列联表法对中美基金业绩的持续性做了整体的检验。同时引入扫描统计量，对单只基金的业绩持续性进行检验。李德辉还对基金业绩持续性的来源进行了讨论。

李德辉的研究较为系统、全面，且具有一定创新性。在单只基金的业绩持续性检验方面，他采用基于伯努利过程的最长链模型与扫描统计量模型这种较为复杂的数学模型。这一应用借鉴了 Naus（1982）在数学基础领域研究中给出的概率近似公式，它能够对伯努利过程应用中通常难以求得的概率分布进行近似计算。而利用这种方法得出的结论数量化特征明显，适合数理基础强的研究者与从业者对于基金业绩持续性强度的分析。

2.2.5　其他基金业绩评价影响因素研究

冯恂（2006）在研究证券投资基金的成因时，除了对基金选股择时能力进行分析之外，还对基金规模对证券投资基金业绩的影响做了研究。其利用最优化问题中的 Kuhn-Tucker 条件对 54 只封闭式基金与 11 只开放式基金的最优规模进行了计算。计算验证了最优规模的存在，并指出偏离最优规模会对业绩产生负的影响。

冯恂还对基金绩效做了多因素 spearman 分析，并且创新地通过构建虚拟变量的方法将股市行情纳入分析模型。但是，虚拟变量仅仅是一个只有两个值（0 与 1，用以区分熊市与牛市）的离散变量（哑变量），无法充分反映出股市行情，未来在这方面还有较大改进空间。冯恂还提出了从基金最优激励合同、政府政策对股市影响等方面探究基金业绩影响因素的方法，但并未给出实证分析，因此适用性尚待验证。

禹久泓（2011）定性研究了我国私募基金募资能力的影响因素，并创新利用业界并不常用的灰色模型定量预测了样本基金未来的募资额。在定性研究中，他利用因子分析法分析了影响投资决策的 39 个影响因子与 4 个投资报酬与绩效指标，并对影响因子与投资绩效做了 spearman 分析。但由于研究对象（PE）的业绩属于商业机密，研究者只能以问卷、访谈的形式进行调查，所选用的样本数量较少，所以，结论存在一定缺憾。

王雅莉（2012）着眼于国内研究成果较少的 PE，对影响 PE 业绩的因素进行了研究。其重点研究成功退市对 PE 业绩的影响，还大胆提出多个影响 PE 业绩的哑变量（资金来源是否为外资，PE 所属公司是否在海外上市，PE 投资行业是否为投资比占前三位的 IT、生物医药、互联网）并以此构建模型，对此问题进行了实证研究。

王雅莉在模型构建及数据处理上均有着独到之处，在检验成功退市对 PE 业绩的影响时主模型以关于 PE 退出的变量为因变量（由通过 IPO 成功退出所占百分比与通过收购成功退出所占百分比构成），以 PE 投资规模的自然对数、投资规模自然对数平方项、PE资金来源为外资的占比情况作为调整变量，是一个为解决新问题而设计的新回归模型。在数据处理方面，由于PE本身的非公开性，样本的选择很容易出现偏误。王雅莉采用赫克曼方法，通过probit模型并结合计量方法得到逆米尔斯比率（IMR），并将其作为主回归模型的一个变量，对可能存在的样本选择偏误进行了衡量、修正。此方法在私募基金领域研究中应用较少，是该研究的独到之处。

由于私募基金格外强调经理人的个人能力，因此基金经理人的个人能力如何影响基金业绩、如何衡量基金经理人的个人能力等问题得到一些研究者的关注。

王凯俊（2014）在对阳光私募基金的业绩评价进行研究时，将基金经理的年龄、从业年限、学历、毕业院校、出身、海外经历、理工科背景、基金经理人数、管理基金数量作为衡量基金经理的九大因素，采取横截面回归法分析了在市场上升、下降、震荡等阶段基金经理九大因素对于基金业绩的影响。研究表明，除了海外经历这一因素之外，其他因素在三个阶段中至少有一个阶段表现出与超额收益率显著相关关系。

周平与帅晓林（2012）则从阳光私募基金仓位设计的角度，对2011年以来阳光私募基金的业绩波动进行解释，提出阳光私募基金应加大股指期货对冲力度，并在国家层面积极引导市场投资者的投资方向。

在其他领域的研究中，王学明（2010）与巩云华（2011）对我国公募基金及私募证券投资基金的行为进行了系统的研究。

2.3 文献评价

虽然目前对于证券投资基金的业绩评价研究逐渐完善，但现有的研究成果仍存在一些不足之处。

一是在业绩评价中，基准组合的选择上还没有形成统一观点，部分学者考虑到研究方便或者数据的易得性，会自行选择基准组合。上证综指、深证综指、沪深 300 等不同的基准组合都被学者采用过，基准组合的不同会导致结论的偏差及不可比性。

二是不少学者在研究中所采用的基金样本存续时间较短或者样本数量较少，由此而得出的基金评价结论不够稳定，缺少说服力。

三是多数学者研究基金业绩评价的某个方面或者几个方面，仅仅对这些方面的评价结果做单独描述，而没有利用这些方面的评价值对基金做出综合评价。

基金业绩评价的研究历经数十年，从最初的简单分析收益率到考虑了风险的单因素、多因素模型，再到涉及基金流动性、基金经理选股择时能力等各方面的细分研究，业绩评价的理念、模型、角度都在深化，但仍有许多关于基金业绩的问题需要进一步探究，基金业绩评价的整体发展趋势有以下几个方向。

一是构建更多适合国内证券市场自身特点的业绩评价新模型。

二是从基金管理者的行为角度继续探究基金业绩的决定机理。

三是从基金费率、规模、流动性等方面研究这些因素对基金业绩的影响。

四是根据私募基金的业绩特点及证券市场现状，探讨投资者、管理者的对策和市场监管者的政策。

第3章 私募基金业绩评价国际比较和研究

本书所研究的私募证券投资基金主要是指通过向特定对象非公开发行股份或基金募集资金，资金交由专门的投资机构管理，采取灵活的投资策略和激励机制，主要投资于证券二级流通市场，以获取收益的投资工具。根据上述定义，在国外与我国私募证券投资相对应的私募基金的典型代表形式是对冲基金。

3.1 国外机构私募基金业绩评价分析

近年来，全球对冲基金规模保持平稳增长。截至2021年9月底，对冲基金资产规模按HFR的统计达3.97万亿美元，比2020年年末增加了3700亿美元，并向4万亿美元的规模发起冲击。在波动的市场环境中，对冲基金以风险分散化、低波动的优势，创造了优秀的业绩，吸引了投资者的资金流入，这也进一步助推了全球对冲基金的规模爆发。

从长期业绩表现看，从1999年12月到2021年9月底，Eurekahedge对冲基金指数年化收益达8.81%，年化波动4.78%，同期标普500指数年化收益为3.18%，而年化波动高达14.68%。比较而言，对冲基金指数相对标普500指数获得明显超额收益，业绩表现也更加稳健。以近五年为例，Eurekahedge对冲基金指数年化收益达5.97%，年化波动2.85%，而同期标普500指数年化收益达12.84%，年化波动达9.41%。可以看出，最近五年，对冲基金指数表现依然稳健，但收益上不如标普 500 指数。相比于近三年、近五年各指标，2017 年以来对冲基金指数取得较高的收益率和较低的波动率，夏普比率提升明显。Eurekahedge 对冲基金指数年化收益达 8.42%，年化波动率只有 1.31%，较前几年的表现提升明显。图 3-1 为对冲基金资产管理规模变化。

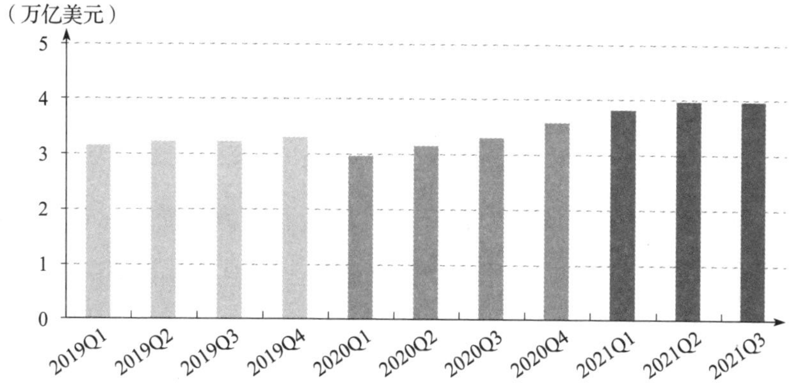

资料来源：HFR，国泰君安证券研究。

图 3-1　对冲基金资产管理规模变化

国外机构对于对冲基金业绩的评价影响比较大的主要有晨星公司和标普 Micropal 公司。这两家公司都有各自成形的基金业绩评价体系，并定期向外公布基金的业绩数据和评价等级。本节主要以这两个评价体系为例，介绍国外基金业绩评价的方法和指标体系。

3.1.1　晨星公司的评级体系

晨星公司是在 20 世纪 80 年代成立于美国芝加哥的一家公司，其主要侧重于基金产品，定位于为投资者提供优质服务。经过多年的发展，晨星公司已经发展成为一家在基金评价这一领域中举足轻重的公司。

（1）基金分类。

晨星公司运用流通市值和投资风格等一系列方法分析基金投资组合，将基金所投资股票按照流通市值分为大、中、小三种类型，然后用平均值的方法对异常数值进行处理，计算出基金投资组合的总流通市值。晨星公司还将基金投资的股票按净资产增长率等指标分为价值型、平衡型和成长型三种投资风格，最终得到基金总体投资风格的九种类型：大盘价值型、大盘平衡型、大盘成长型、中盘价值型、中盘平衡型、中盘成长型、小盘价值型、小盘平衡型、小盘成长型。

2003 年 5 月底，晨星公司推出用一系列新方法设计的基金风格箱，并依然采用经典的九宫格，但是输入变量大为不同。此次晨星公司第一次融合成长性与价值性综合测度，全面考量 10 个方面的因素，其中包括五个价值性因素，即价格 / 目标收益率、价格 / 净值率、价格 / 销售率、价格 / 现金流量率和股息收益率，五个成长性因素为长期目标收益成长率、历史收益成长率、销售成长率、现金流成长率和净值成长率。新的分类体系更加精细地反映了基金的投资风格。

（2）评级标准。

在评级标准方面，晨星公司将定量分析和定性分析结合起来进行评价。

在定量分析方面，晨星公司主要是对基金的历史业绩进行风险调整，考虑的指标包括夏普比率，β 系数、α 系数、R^2 系数、最适合 α、同种类风险调整评级、三年期星级评级、综合星级评级。

在定性分析方面，晨星公司主要对基金的投资规则、投资理念、投资风格和流程进行评价。

（3）评级规则。

在评级规则方面，晨星公司主要采用 10 分制，从基金强度、基金管理和营销、基金经理层、基金投资行业等五个方面进行打分，将五部分的分数进行加权平均后得到最后的定性评级结果，最后结合定量和定性分析的总体情况做出星级评级。

（4）局限性。

晨星公司的评级体系确实能够客观地评价基金的业绩，但它同样存在着一些局限性。

第一，晨星公司的评级体系并没有把基金之间的关系考虑进去，而是决定一只基金是否纳入投资者原有资产组合的重要因素。也就是说，晨星基金评级适合于投资者只购买一只基金的情形。

第二，忽略了很多跟基金评价相关的信息，如投研团队、公司信誉、公司治理、基金经理更换等。

3.1.2 标普 Micropal 公司的评级体系

标普 Micropal 公司成立于 20 世纪 80 年代，在 20 世纪末被标普公司收购。标普 Micropal 公司的评级系统与晨星公司的不同，它不仅对基金本身进行评价，还对基金管理公司进行评级，并且对评级系统设置一定标准，精选少于 10% 的基金进行深入跟踪分析，这极大提升了效率。标普 Micropal 公司只致力于寻找表现始终如一、绩优卓越的基金，而不是对所有基金都进行跟踪分析。

（1）基金分类。

标普 Micropal 公司在进行基金评级时，要求所有基金必须有三年或者三年以上的历史数据，否则不会被纳入观察范围。该公司把基金分为 16 种类型：中国股票基金、大中华股票基金、环球股票基金、环球小型企业基金、环球新兴市场股票基金、欧洲股票基金、美国股票基金、美国小型企业基金、英国股票基金、亚太股票基金、日本股票基金、环球债券基金等。

（2）评级标准。

从定量和定性两个方面对基金进行评级，定量方面的标准是 36 个月以内的收益水平和经风险调整后的业绩排名，定性方面主要从公司治理、投研团队、投资风格持续性、投资组合建立、业绩表现等方面对基金进行分析，通过面谈之后评分的方法，最终得出总评分。

（3）评级规则。

在得出总评分后，根据基金的评级系数确定基金的评级结果。表 3-1

为标普 Micropal 公司星级评定规则。

表 3-1 标普 Micropal 公司星级评定规则

星级	所处百分比区间	收益在同类比较	风险在同类比较
★★★★★	1 ~ 10	最高或高	最低或低
★★★★	11 ~ 30	中高	中低
★★★	31 ~ 50	中	中
★★	51 ~ 75	中低	中高
★	76 ~ 100	最低或低	最高或高

资料来源：根据相关资料整理。

（4）局限性。

标普 Micropal 公司的评级系统将定量分析和定性分析相结合，能够较好评价基金业绩，但它同样存在着一些局限性。

一是对于基金的分类过于笼统，这不利于投资者了解基金的投资风格和特点，应当参考晨星公司的分类方式予以进一步细分。

二是定量分析和定性分析能够体现出对于基金业绩评价的全面性，但仍然忽略了一些影响因素，如基金经理变更、基金规模等。

3.2 国内机构私募基金业绩评价分析

私募基金被正式纳入监管、被法律法规所认可后，私募基金行业也由此进入发展的快车道。根据中国证券投资基金业协会公布的数据显示，截至 2021 年 12 月末，私募基金管理人数量为 24610 家，较 2020 年年末增长了 49 家；已备案基金数量增长 28.2%，达到 124117 只；总体管理规模由 2020 年年末的 15.97 万亿元增长至 19.76 万亿元，如表 3-2 所示。

2021 年私募基金继续保持着近几年的高速发展势头，尤其是私募证券基金在产品数量和管理规模方面均呈现出较大幅度增长，反而是私募股权、创投基金和其他基金的增长停滞不前，私募证券基金的高速增长与近几年证券市场表现火热有关。

表 3-2　2020—2021 年私募基金备案情况

	2021 年			2020 年		
	基金管理人 / 家	已备案基金数量 / 只	规模 / 万亿元	基金管理人 / 家	已备案基金数量 / 只	规模 / 万亿元
合计	24610	124117	19.76	24561	96852	15.97
私募证券基金	9069	76839	6.12	8908	54355	3.77
私募股权、创投基金	15012	45311	12.78	14986	39802	11.06
其他基金	529	1967	0.86	667	2695	1.14

资料来源：中国证券投资基金业协会。

在规模方面，截至 2021 年 12 月末，相比 2020 年年末的数据，私募股权、创投基金的管理规模增长了 1.72 万亿元，其他基金的管理规模下降了 0.28 万亿元，私募证券基金的管理规模增长了 2.35 万亿元。

根据中国证券投资基金业协会的数据显示，私募基金管理人注册地主要集中在上海市、深圳市、北京市三地，数量分别为 4531 家、4308 家和 4296 家，管理的基金规模分别达到了 50702.81 亿元、22661.57 亿元和 42599.92 亿元，如表 3-3 所示。上述三地分别为我国长三角、珠三角、京津冀三大经济圈的核心城市，它们在资金、金融创新、策略创新、配套服务等方面都为私募基金的发展提供了极大的便利。此外，高净值人群也主要集中在上述地区，其存在巨大的理财需求。

表 3-3　私募基金管理人按注册地分布情况

序号	辖区名称	私募基金管理数量 / 家	管理基金数量 / 只	管理基金规模 / 亿元
1	上海市	4531	35323	50702.81
2	深圳市	4308	19783	22661.57
3	北京市	4296	19689	42599.92
4	浙江省（不含宁波市）	2035	10452	11212.42
5	广东省（不含深圳市）	1819	9524	11025.36

续表

序号	辖区名称	私募基金管理数量 / 家	管理基金数量 / 只	管理基金规模 / 亿元
6	江苏省	1220	4385	9583.63
7	宁波市	804	4829	8267.65
8	天津市	451	2101	7935.86
9	四川省	449	1292	2232.31
10	青岛市	441	1732	1639.39

资料来源：中国证券投资基金业协会。

私募证券投资基金管理人数量众多，管理规模平均数与中位数相差巨大，分化趋势明显，较少的头部机构拥有较大的管理规模，多数管理人的管理规模较小，呈现显著的长尾特征。截至 2020 年年末，有实际管理规模的私募证券投资基金管理人为 7904 家，其中管理规模在 5000 万元以下的机构占比 61.1%；平均管理规模为 5.47 亿元，中位数为 2685.72 万元。管理规模在百亿元以上的机构有 72 家，管理规模为 2.23 万亿元，占全行业管理规模的 51.7%。

私募证券投资基金管理人以民营为主，民营机构数量及管理规模最大，国营机构平均管理规模最大。从控股类型机构的数量及规模来看，自然人及其所控制民营企业控股的管理人数量最多，共计 8542 家，占比 96.9%，管理规模为 4.08 万亿元，占比 94.7%；国有控股管理人平均管理规模最大，为 10.71 亿元。在 2020 年当年登记且截至年末未注销私募证券投资基金管理人中，自然人及其所控制民营企业控股的管理人数量占比 98.5%，上升 5.52 个百分点。

从高管的年龄分布来看，无论是存量私募证券投资基金管理人的高管，还是 2020 年当年新登记管理人的高管，年龄集中在 30 ～ 39 岁，80 后是私募证券投资基金管理人高管的主力军。

截至 2020 年年末，在私募证券投资基金管理人中，86.3% 的高管拥有大学本科及以上学历，从管理规模分布来看，管理规模达 50 亿元以上的高管人员学历为硕士及以上的占比最高，达 67.8%，凸显出该行业的专业性，如图 3-2 所示。

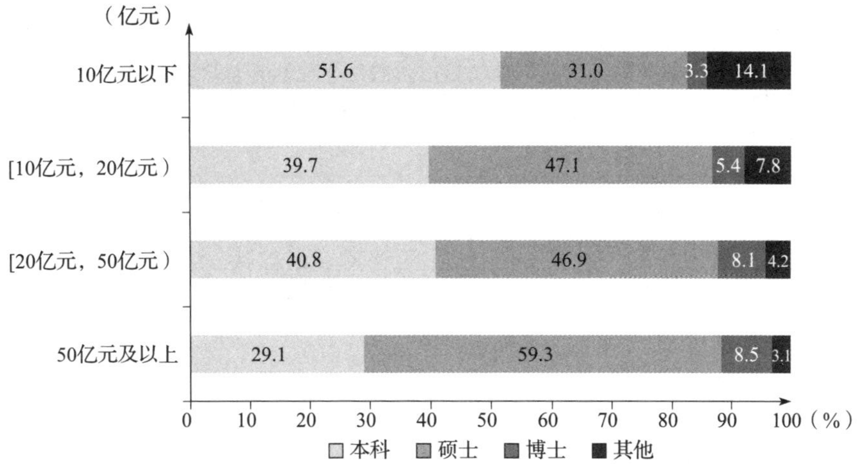

资料来源：中国证券投资基金业协会。

图 3-2　不同规模私募证券投资基金管理人高管人员的学历分布

截至 2020 年年末，不低于 10 年从业经验的高管人数占比 77.3%，比 2019 年年末占比上升 2.99 个百分点。管理人的管理规模越大，高管的从业年限越长，二者呈正相关关系。管理规模 50 亿元的管理人高管从业年限集中在 10 年以上，占比达 83.1%。

从私募基金策略来看，私募基金策略分类同国际分类略有不同。按照海通证券的分类方法，私募证券投资基金可以按照策略分为 9 个类别，分别是股票多头、多策略、债券策略、管理期货、组合策略、市场中性、事件驱动、宏观策略、相对价值，如表 3-4 所示。

表 3-4　私募基金策略

策略	特征
股票多头	以股票为主要投资标的，包括股票多头和股票多空
多策略	多种投资策略结合使用

续表

策略	特征
债券策略	以债券为投资对象，以绝对收益为目标
管理期货	以期货为主要投资标的，可做空
组合策略	购买基金或把资金交给不同的基金经理分仓管理
市场中性	同时构建多头和空头头寸以对冲市场风险，在任何市场环境下均能获得稳定收益
事件驱动	利用特殊或突发事件投资
宏观策略	根据宏观环境配置资产
相对价值	利用不同投资品之间的定价差异获利

数据来源：海通证券研究所。

从2017年私募基金产品发行的策略分布来看，股票策略（包括股票多头及股票多空策略）占比高达80.54%，管理期货、债券策略、多策略和组合策略占比分别约为3.88%、4.03%、4.76%和2.56%，而事件驱动、市场中性、宏观策略、相对价值占比分别约为1%左右。由于不完全统计及分类原因，统计结果与实际情况或存在一定差异，如图3-3所示。

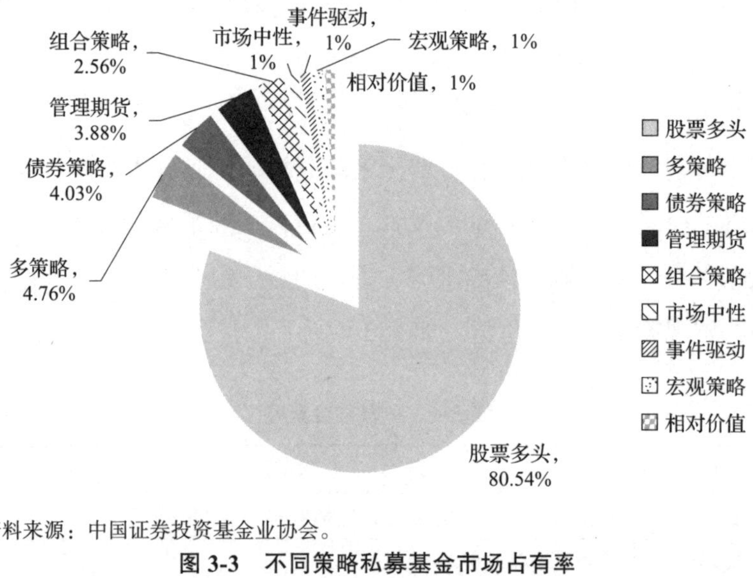

资料来源：中国证券投资基金业协会。

图3-3 不同策略私募基金市场占有率

从私募基金的收益情况来看，2017 年全年股票市场“二八”分化持续演绎，“大强小弱”现象不断强化。以上证 50 和沪深 300 指数为代表的大盘指数分别上涨了 25.08% 和 21.78%，以中证 500 为代表的中盘指数轻微下跌 0.2%，而以中证 1000 为代表的小盘指数则下跌 17.35%。债券市场整体受到监管政策及货币政策偏紧的影响，国债收益率呈现出上行趋势，中债综合财富指数于 2017 年第二季度和第四季度出现较大的回调，2017 年全年仅轻微上涨 0.24%。

从私募基金全年各策略的整体表现来看，2017 年表现最佳的为股票多头策略，其次为组合策略和宏观策略，全年表现最差的为市场中性策略，其次为管理期货策略和相对价值策略，如表 3-5 所示。

表 3-5　2017 年私募基金收益率总体回顾

（单位：%）

策略类型	平均数	最小数	中位数	最大数	标准差	收益为正的占比
股票多头	11.14	−77.11	8.03	245.91	22.55	69.32
债券策略	3.54	−22.17	3.83	37.17	6.80	75.37
市场中性	0.26	−18.06	0.44	34.80	6.62	50.28
管理期货	2.29	−43.73	0.83	216.92	20.65	52.92
宏观策略	7.53	−20.50	5.68	59.23	18.58	55.45
事件驱动	4.83	−42.03	−2.42	192.64	34.07	42.48
相对价值	3.48	−23.46	2.56	27.42	7.54	58.82
组合策略	9.42	−30.95	7.97	74.87	13.36	80.08

数据来源：海通证券研究所。

从策略的明细表现来看，我们可以发现以下问题。

一是股票多头。受益于 A 股市场的上涨，股票多头策略整体表现最佳，全年平均收益率为 11.14%。不过，由于 A 股一九分化的蓝筹行情特别显著，因此该策略私募表现两极分化明显，表现最佳的私募全年收益高达 245.91%，最差私募全年收益为 −77.11%。

二是债券策略。2017 年债券市场整体走熊，因此在全部的策略中债券策略表现一般，私募全年平均收益为 3.54%。

三是市场中性。市场中性也是 2017 年受伤较深的策略，受 2015 年 9 月中国金融期货交易所对股指期货严格管控措施的影响，负基差行情一直持续到 2017 年上半年，加上 2017 年 A 股市场严重分化的行情，使市场中性策略难以赢取阿尔法超额收益，2017 年私募平均收益仅为 0.26%。

四是管理期货。2017 年期货市场整体呈现宽幅震荡的趋势，没有趋势性机会，因此，管理期货策略，特别是趋势类的策略表现不佳。2017 年管理期货策略平均收益为 2.29%。

五是宏观策略。宏观策略涉及多类别的资产，其中股票在 2017 年表现较佳，商品没有大的趋势，债券相对较弱，整体来看该策略全年获得了 7.53% 的收益。

六是事件驱动。过去事件驱动策略下做的较多的基本是定向增发策略，不过 2017 年受到监管的影响，定向增发策略受到较大冲击。2017 年 5 月，证监会发布《上市公司股东、董监高减持股份的若干规定》，同时上交所、深交所发布配套的《实施细则》，这是监管层继 2015 年 7 月、2016 年 1 月之后发布的新版减持新规，并对交易所加强减持监管提出了明确要求。本次新规将适用范围扩大至包括参与定增的股东，并对其信息披露和减持节奏等都做了严格的限制。新规之下，由于减持期限的延长及减持比例受限等原因，Pre-IPO 和定增基金等均受到明显影响。因此 2017 年事件驱动策略整体受到一定的拖累，全年平均收益为 4.83%，整体分化较大。

七是相对价值。2017 年相对价值策略整体相对平淡，高收益的套利机会不多，全年平均收益为 3.48%。

八是组合策略。目前国内组合基金投资中股票策略基金的配置比率较大，组合策略和股票策略累计收益率涨跌走势相关性很强，因此 2017 年组合策略也有不错表现，获得了平均 9.42% 的收益率。

私募基金行业在高速发展的过程中，同样存在着诸多问题，如发展不规范、外部环境有待优化等，主要内容如下。

（1）私募基金发展不规范。

我国的私募基金在迅速发展的同时，也存在着一些问题，许多私募基金缺乏应有的信息披露、风险防范机制不够健全，导致欺诈、违规行为时有发生。如何应对私募基金在发展过程中存在的问题，一方面，需要发挥市场的作用进行优胜劣汰；另一方面，需要依靠政府的政策法规进行规范，建立透明的激励机制，明晰产权等，这样才能保证私募基金的健康、良性发展。

（2）私募基金发展的外部环境有待优化。

我国的私募基金起源于证券市场，和其有着密切的联系。与国外的私募基金相比较，国内的私募基金规模有限，并且缺乏规避风险的能力，进而限制了国内私募基金的发展。私募基金的发展对市场化的要求比较高，需要相关的配套制度，这就需要健全监督约束机制，优化外部环境。

（3）私募基金的评价机制有待完善。

无论是理论界还是实务界，目前都缺乏一套涵盖基金评价各个方面（如基金总体业绩评价、基金选股与择时能力、费用等）的综合研究。国内虽有部分学者对此进行过研究，但均存在着一些不足。建立具有行业公信力的私募评价体系，把过去神秘、分散、难以获取的私募信息变成简洁明了的评价结果，能够提高公众对私募的理解和信任，有利于行业长期健康发展。

上述问题的解决都有赖于私募业绩评价体系的建立，目前市场上有影响力的评级机构主要为三类：一是卖方机构，如国金证券、海通证券、国泰君安等券商私募研究组；二是私募基金第三方机构，如好买基金网、私募排排网、晨星（中国）等；三是由部分媒体主办的私募业绩评价，如中国私募金牛奖等，如表 3-6 所示。

表 3-6 国内机构私募基金评价体系

评价机构	评价维度		评级标准
	定量评价	定性评价	
国信证券	①净值增长率。②风险调整收益指标。③ GPFCR，国信私募综合排名	①投资经理指标。②投研能力指标。③分成方式指标。④规模及契约指标	① 1 A 到 5A 评级，分一年期和两年期。②评级标准按照 GPFCR（风险调整收益指标、投资经理指标、投研能力指标、分成方式指标、规模及契约指标排名以 4∶2∶2∶1∶1 加权）
国金证券	①业绩排名半年、一年、两年。②下跌幅度为半年、一年、两年	宏观判断操作灵活性、投研团队的实力、公司管理能力：资本金实力、资产管理规模、组织结构及分工、管理人、投资策略	用半年、一年和两年综合收益能力加权分数评级 1 星到 5 星，一般公布 5 星（前 20%）和 4 星（20%～40%）
海通证券		近一个月、一年净值增长和超额收益排名	
华泰证券	风险调整收益率、阿尔法系数、Omega 比率、最大回撤、波动性、下行风险		计算各基金截至当月末的过去一年、两年、三年，以及五年的风险星级评价分数，由大到小进行排序：前 10% 被评为 1 星，表示风险最高；接下来的 22.5% 被评为 2 星；中间的 35% 被评为 3 星；随后的 22.5% 被评为 4 星；最后的 10% 被评为 5 星
国泰君安	半年、一年、两年收益排名及夏普比率、下跌风险，以及 BETA、收益能力、保本能力	投研团队、公司治理、公司信誉、风格特征（激进、稳健、保守）	一年期和两年期 1 星到 5 星评级
中信建投	收益指标、风险指标、投资效率指标	投资经理、研究团队、公司治理、公司信誉	前 15% 被评为 5 星，表示风险最低；接下来的 20% 被评为 4 星；中间的 30% 被评为 3 星；随后的 20% 被评为 2 星；最后的 15% 被评为 1 星

续表

评价机构	评价维度		评级标准
	定量评价	定性评价	
好买基金网	1 个月、6 个月、12 个月、24 个月的业绩排名		
私募排排网	根据过去 12 个月的收益率，计算风险调整后的指标 PRAR		推出融智评级，共划分为五个星级。评级结果是根据风险调整后收益指标的计算结果产生
朝阳永续	收益率、标准差、夏普指标	投资风格	
晨星（中国）	①私募基金月度回报率。②风险调整后的收益		根据各私募基金截至当月末的过去 36 个月的回报率，计算出风险调整后的收益，然后进行评级
中国私募金牛奖	绝对收益、最大回撤、下行风险	投资方法、风险控制、投研团队、资产管理规模	

资料来源：中信建投证券研究所。

本节详细梳理了国内机构私募基金业绩评价的定量与定性指标，以及主要的评级标准，可以发现不少评级机构罗列了众多的定量和定性指标，试图全方位地评估私募基金业绩，但一方面太多的指标会分散核心评价指标的权重，导致评级结果不准确；另一方面，太多的评级指标会导致最终结果趋于普通，难以达到区分私募业绩优劣的目标。

国内对于私募基金业绩的评价影响比较大的机构主要有晨星（中国）和华泰证券。这两家机构都有一套成形的基金业绩评价体系，并定期对外公布基金的业绩数据和评价等级。本节主要以这两个评价体系为例，介绍国内基金业绩评价的方法和指标体系。

3.2.1　晨星（中国）私募基金评价

晨星（中国）在 2012 年 4 月对我国私募基金业绩评价体系进行进一步的完善，以适应我国私募基金行业的发展。

（1）基金分类。

晨星（中国）的基金评级是将基金历史风险调整后的收益进行比较，以此反映基金经理的投资管理能力，而把哪些基金放在一起比较将直接影响评级的有效性。因此，对基金进行分类是晨星（中国）评级的基础，从而协助投资人对基金进行“苹果与苹果”式的同类比较。

由于国内的私募基金不要求披露投资组合数据，因此私募基金的分类将主要以投资策略为主。如目前国内有极少部分只投资于债券的私募基金，它们的风险及收益情况和其他绝大多数投资于股票市场的私募基金就存在明显的不同。

晨星（中国）私募基金分类方法以分析基金的投资策略为基础，而不是仅按照基金名称或招募说明书关于投资范围和投资比例的描述进行分类。该方法多年来不断发展和完善，为投资人挑选基金、认识基金的风险并构造自己的基金组合提供了支持，并成为行业的标准。该方法将国内的私募基金分为股票型、债券型、宏观策略型、中性策略型、系统期货五种类型。

（2）评级标准。

晨星（中国）评级是建立在风险调整后的收益的基础上。私募基金的投资是有风险的，风险是收益的不确定性。两只收益情况相同的私募基金，可能具有不同程度的风险。因此，评价私募基金业绩时不能仅看回报率，还必须考察风险因素。晨星（中国）将每只私募基金的收益进行风险调整，然后再与同类私募基金进行比较，最后给予评级。

晨星（中国）星级评价的核心指标是风险调整后的收益，又称 MRAR。MRAR 的衡量以期望效用理论为基础。该理论认为投资人比起无法预期的高收益，更倾向于可预见的低收益；投资人愿意放弃一部分预期收益来换取确定性较强的收益。在此前提下，根据每个投资组合的期末价值构造效用函数计算期望效用，并按照其数值高低对所有的投资组合进行排名。

晨星（中国）根据每只私募基金在计算期间月度回报率的波动程度尤

其是下行波动的情况，以“惩罚风险”的方式对该私募基金的回报率进行调整，波动越大，惩罚越多。如果有两只私募基金的回报率相近，晨星（中国）对其中回报波动较大者给予更多的风险惩罚。通过上述方法，体现私募基金各月度业绩表现的波动变化，更加注重反映私募基金资产的下行波动风险，从而奖励业绩持续稳定者，并减少由于私募基金短期业绩突出而掩盖内在风险的可能性。

（3）评级规则。

晨星（中国）现阶段为具备三年或三年以上业绩数据的私募基金提供评级，而且同类私募基金必须不少于 5 只才具有评级。

给予某类私募基金三年评级时，晨星（中国）会根据各私募基金截至当月末的过去 36 个月的回报率，计算出风险调整后的收益 MRAR（5）。各基金按照 MRAR（5）由大到小进行排序：前 10% 被评为 5 星；接下来的 22.5% 被评为 4 星；中间的 35% 被评为 3 星；随后的 22.5% 被评为 2 星；最后的 10% 被评为 1 星。在具体确定每个星级的私募基金数量时采用四舍五入的方法，如图 3-4 所示。

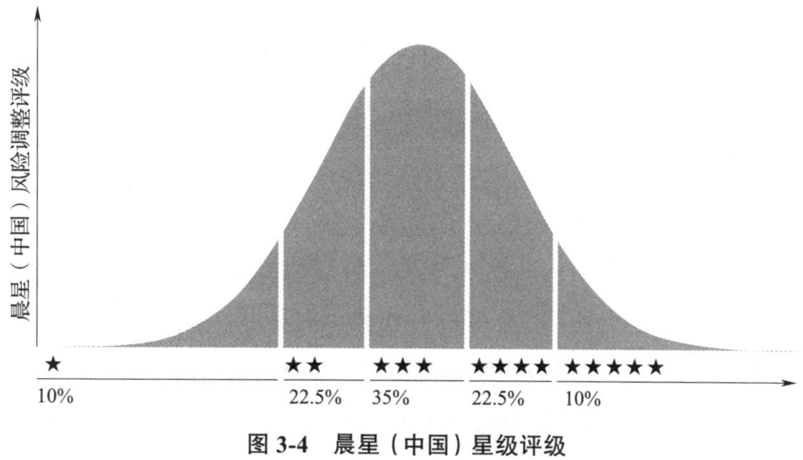

图 3-4　晨星（中国）星级评级

（4）局限性。

晨星（中国）的私募基金评价体系将私募基金分类、私募基金收益和投资风险三者有机融合起来，确实能够客观地评价私募基金的业绩，但它同样存在着一些局限性。

第一，晨星（中国）的评价仅仅是基于对私募基金历史业绩的描述，私募基金的评级高只能表明私募基金过去的表现良好，而这并不是私募基金未来业绩良好的保证。

第二，晨星（中国）评价并没有对不同存续期的私募基金进行分类，而是合在一起进行评价，然后再将过去不同时段的评价结果加权平均，并对结果进行四舍五入，最终得出评级。这样的评级存在两个问题：一是为加权平均所带来的问题，存续期较长的私募基金通过加权平均可能会得到平庸的评级，而存续期较短的私募基金则可能会得到极端的评级（5 星或 1 星）。二是四舍五入的进位制所带来的问题，私募基金的评级对业绩正向变化反应敏感，但对业绩负向变化反应迟钝，导致长期的私募基金对业绩变动的非对称反应。

3.2.2 华泰证券私募基金评价

华泰证券私募基金评级体系首先对私募基金进行分类，接着确立私募基金评级的指标体系和星级划分，最终根据评级标准确定每只私募基金的评级。

（1）基金分类。

私募基金的评级是在一个类别中相对进行的，华泰证券私募基金评级体系将满足评级的私募基金分成六个类别。在每个类别中至少有 10 只私募基金，才能对这个类别的基金进行评级。对私募基金的分类是比较困难的，华泰证券私募基金评级体系根据私募基金的策略进行分类。

（2）私募基金评级的指标体系和星级的划分。

私募基金的评级主要分为两大类，即综合评级和风险评级。综合评级的指标体系包括基于幂效用函数计算的风险调整收益率、阿尔法系数及 Omega 比率。风险评级的指标体系包括最大回撤、波动性及下行风险。

指标的选择和权重的分配是经过反复测试的，以确保评价较好地反映私募基金的风险收益情况，最终形成华泰证券私募基金评级指标体系，如图 3-5 所示。

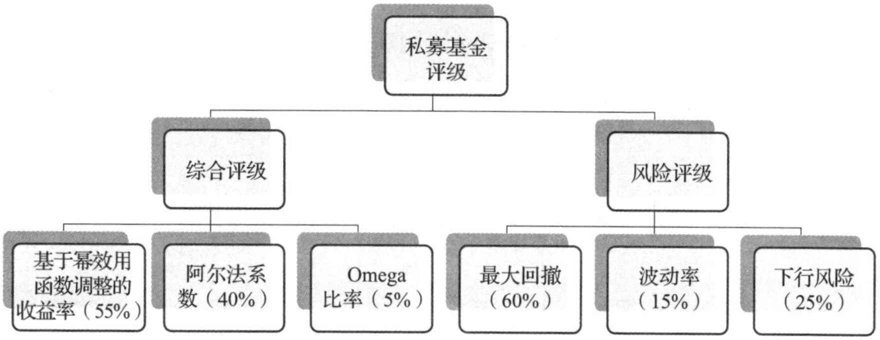

资料来源：华泰证券研究所。

图 3-5　华泰证券私募基金评级体系

综合评级指标计算公式如下：

综合评级指标 = 调整后的风险收益率 × 权重 + Omega 比率 × 权重 + 阿尔尔法系 × 权重

给予某类基金综合评级时，计算各基金截至当月末的过去一年、两年、三年，以及五年的综合评级指标，由大到小进行排序：前 10% 被评为 5 星；接下来的 22.5% 被评为 4 星；中间的 35% 被评为 3 星；随后的 22.5% 被评为 2 星；最后的 10% 被评为 1 星。在具体确定每个星级的基金数量时，采用四舍五入的方法。

风险评级指标计算公式如下：

风险星级评价分数 = 最大回撤 × 权重 + 波动动 × 权重 + 下行风行 × 权重

将同类的私募基金的风险星级评价分数从大到小排列，给予某类基金风险星级评级时，计算各基金截至当月末的过去一年、两年、三年，以及五年的风险星级评价分数，由大到小进行排序：前 10% 被评为 1 星，表示风险最高；接下来的 22.5% 被评为 2 星；中间的 35% 被评为 3 星；随后的 22.5% 被评为 4 星；最后的 10% 被评为 5 星。在具体确定每个星级的基金数量时，采用四舍五入的方法。对于所有参与评级的指标，为了消除量纲的影响，均进行归一化预处理。注意，私募基金业绩综合评级的星级越高越好，而风险评价的星级越高，则表示风险等级越低。

（3）局限性。

华泰证券私募基金评级体系较好地用定量方法评价私募基金业绩，但它同样忽略了一些重要影响因素，如基金经理更换、公司治理、基金规模等。

3.3 国内外机构私募基金业绩评价差异分析

客观、高效的私募基金业绩评价能够提高市场效率，帮助机构投资者和高净值个人挑选私募，也能够对私募机构形成正向引导，让市场自发地优胜劣汰，并最终推动私募行业长期健康发展。

上文针对国内外机构私募基金业绩评价进行了详细分析，指出各评价体系的基金分类、评级标准、评级规则及存在的局限性，不同的评价体系都或多或少地存在一些瑕疵，需要在接下来的研究中逐步加以完善。

国内现有的私募基金业绩评价体系多是照搬国外的方法和标准，这就存在着由于制度不同所导致的诸如基金分类标准不一致、评价指标不完备、考虑非量化的因素较少，以及较短的数据区间可能导致计量结构可靠性偏差，只评价基金业绩结果，而忽视过程，还包括只关注私募基金短期表现，而忽视了影响私募基金业绩的长期因素，同时还有评价体系的定位不明确，难以为投资者的决策提供参考和对市场未来发展方向提供预判等一系列的问题。

而私募基金的快速发展又需要具有客观、高效性的私募基金业绩评价体系。用一句话来说，在为私募基金投资者提供决策依据方面，现有的私募基金评价体系不能完全满足投资者的要求。正因如此，在构建我国私募基金评价体系时应全面考虑风险收益，针对私募基金自身的特点选择合适的指标，对私募基金业绩进行客观评价。

第4章 私募基金业绩评价体系构建

4.1 构建方法分析

通过第2章和第3章的研究，可以发现当前国内外针对基金业绩的评价多数集中在共同基金和公募基金，而极少涉及私募基金。当前国内虽然有一些对私募基金业绩评价的研究，但并没有形成被大众认可、广泛应用的成熟评价体系。由于不同的评价机构所采用的核心指标不同，经常会出现同一只私募基金在不同的评价机构拥有截然相反的排名，这就使投资者在选择私募基金时难以做出抉择。同时，私募基金行业追求绝对收益的特点使过分追求短期收益率而忽视风险水平的不良投资倾向越来越显著。为全面了解私募基金的业绩情况，帮助投资者辨别私募基金的优劣，建立一套全面、客观的私募基金评价体系已迫在眉睫。

本书在借鉴国内外先进的私募基金评级经验的基础上，结合国内私募基金的特点进行了合理调整，试图建立一套评价因素全面、权重合理、科学有效的指标体系，并依托灰色系统方法将指标体系权重化，最终科学评价私募基金业绩。

4.2 私募基金业绩评价指标选择

4.2.1 指标选取原则

私募基金业绩评价体系的构建最为核心的部分就是评价指标的选取，评价指标的选取需要遵循以下三个原则。

（1）全面性。

对于基金业绩的评价，全面性是首要的。片面的评价会导致投资决策的严重失误。同一时期，平均收益率好的基金有可能因为其激进的投资风格，使投资者在未来蒙受较大损失；业绩表现稳定的基金在强调绝对收益率的私募基金市场并不受欢迎。而以时间序列分析，过去一些收益率表现良好的私募基金或者基金经理后期表现并没有预想的那么出色。也就是说，基金业绩不具有持续性。

因此在对私募基金业绩进行评价时，不能只考虑基金业绩的单个指标或者单个能力，而是要综合考虑基金的收益能力、风险水平、基金业绩持续性等多种因素。

（2）易得性。

数据的易得性体现在两个方面：一方面是计算指标的数据容易获取，应当是相关法律法规所规定在公共领域的公开数据；另一方面是指标容易计算。指标的易得性保证了该方法的可行性。

（3）可靠性。

可靠性是指该指标理论成熟，被广泛认可，并在长期的实践过程中被证明有效。一个评价体系必然要根据市场形势的发展与学术研究的进展发生变化，构建私募基金业绩评价体系时所选取的指标应当是在这之前获得业界认可或被证明有效的指标。

可靠性还表现在对私募基金业绩的评价要借鉴已有对于一般公募基金的评价体系、评价方法等方面。尽管私募基金与公募基金存在一定的区别，但两者本质都是基金，对于二者的评价都是围绕基金的日、周、月、季、年等时间区间内的收益率展开的。因此借鉴发展时间长、方法丰富、体系较完备的公募基金评价方法、评价体系也是保证选择指标可靠性的一部分。

4.2.2　一级指标选取

在基金业绩评价发展的几十年里，学术界对于基金业绩研究的侧重点也在不断改变，目前基金业绩评价主要有四个方向：基金收益能力、基金风险水平、基金经理的能力、基金业绩的持续性。本书在第 2 章和第 3 章中对基金业绩评价机构的评级体系进行了详细梳理，并指出现有评级体系所存在的局限性。根据全面性这一原则，本书将这四大基金能力全部纳入私募基金的评价体系中，指标的选取主要依据前人的研究成果。许林等（2016）通过实证研究发现基金风险水平、基金收益能力、基金经理的能力、基金业绩的持续性四个方面能够反映出对冲基金的业绩水平，其主要内涵如下。

（1）基金风险水平。

随着私募基金行业的快速发展，其高风险、高收益的特点逐步被市场所重视，降低投资风险成为投资者首先要考虑的因素。

（2）基金收益能力。

尽管私募基金的收益不能作为私募基金业绩评价的唯一指标，但无法否认，基金的收益率仍是衡量基金业绩最为直观、重要的指标，也是影响投资者决策最为重要因素。由于私募基金具有高风险、高收益的特点，因此片面考虑收益具有一定局限性，而经过风险调整的收益指标则很大程度弥补了这一缺憾。所以，本书使用风险调整前与风险调整后两类收益指标进行评价。

（3）基金经理的能力。

基金经理对于基金产品的管理能力直接影响了基金的业绩表现。基金的业绩一般有三个来源：承担市场风险所获得的风险补偿收益、由基金经理所具有的市场时机选择能力带来的收益、由基金经理所具有的证券选择能力所带来的收益。因此，除了基金业绩的表象外，基金经理对于基金的投资管理能力也应作为投资时所考虑的指标加以评估。

（4）基金业绩的持续性。

私募基金是否具有持续性是进行业绩评价的前提。如果一只基金不具有业绩上的持续性，那么对其业绩的评价将失去大部分意义。因此考虑基金业绩的持续性显得尤为重要。

4.2.3 二级指标选取

本小节将根据上一小节所确定的私募基金业绩评价指标分类，结合目前学术界在基金业绩评价领域所获得的各项评价指标成果，确定私募基金业绩评价二级指标。

（1）基金风险水平指标。

目前衡量基金风险水平的指标有两个：收益率标准差与风险系数。收益率标准差体现了收益率的绝对波动程度，而风险系数体现了基金相对于市场基准组合波动的程度。由于两者衡量了风险的不同方面，而两者的重要性不相上下，因此本书将这两个指标均纳入评价体系中。

一是基金风险水平指标。

收益率标准差体现了收益率的波动程度，在现代投资理论中标准差主要用来衡量投资组合的风险程度。其计算公式为：

$$\sigma = \sqrt{\sum_{i-1}^{n}[R_i - E(R_i)]^2}$$

其中，R_i 为基金月度收益率，$E(R_i)$ 为基金月度平均收益率。

二是风险系数 β。

风险系数 β 直接反映了投资组合所面临的风险，用于衡量基金收益相对于市场基准组合收益的总体波动性，其值与基金产品风险正相关，计算公式为：

$$\beta = \frac{COV(R_p, R_m)}{VAR(R_m)}$$

其中，$COV(R_p, R_m)$ 为基金投资组合与市场基准组合收益率的协方差，$VAR(R_m)$ 为市场基准组合收益率方差。β若大于1，则表明投资组合风险要大于市场基准组合；β若小于1，则表明投资组合风险要小于市场基准组合。

（2）基金收益能力指标。

在基金收益能力指标的选取上，本书选择了风险调整前的评价指标与风险调整后的评价指标，分别是基金净值收益率、Sharpe 指数、Jensen 指数。其中基金净值收益率为未经风险调整的评价指标，Sharpe 指数和 Jensen 指数为经过风险调整的评价指标。在指标选择过程中，本书并未完全将三大经典经风险调整后的指标完全纳入评价体系中，而只是选取了 Sharpe 指数和 Jensen 指数作为代表。原因为大量实证研究表明，三大指数中的 Sharpe 指数与 Treynor 指数在风险调整后的收益能力方面并无显著差别。因此本书只选取实务界与理论界更为常用的 Sharpe 指数作为代表指标。

一是基金净值收益率。

基金的净值收益率是反映收益与投入的指标，反映出投资基金单位净资产的变动程度。

本书研究的基金净值收益率选取的是私募基金的月收益率。其计算公式为：

$$R_{pt} = \frac{(NAV_t - NAV_{t-1}) + D_t}{NAV_{t-1}}$$

其中，R_{pt} 为基金在t期的收益率，D_t 为基金在t期的现金分红，NAV_{t-1} 为基金在 t－1 期的单位净值，NAV_t 为基金在第t期的基金净值。

基金单位净值（Net Asset Value，NAV）表示每份基金单位的市场价值，其计算公式为：

$$NAV = \frac{投资基金净资产}{发行在外的基金单位}$$

该指标直观、清晰地表明了基金的收益水平，但是缺点在于不同基金之间的NAV不具有可比性。而基金的净值收益率却使得不同时期发行的基金之间仍具有可比性。该指标的缺陷也同单位净资产指标一样，不能真实地评价基金的业绩。当该基金表现良好时，无法得知这是市场环境总体良好的体现，还是产品在较大风险下的偶然情况，亦或是基金经理的良好管理能力的体现。因此，可以将风险调整后的指标引入评价体系。

二是Sharpe指数。

Sharpe指数，又称回报变动比率。其经济含义为一个评价周期内基金投资组合的平均收益率超过无风险收益部分与该基金的收益率的标准差之比。其计算公式为：

$$S_p = \frac{\overline{R_p} - R_f}{\delta_p}$$

其中，δ_p为基金净值收益率的标准差，R_p为基金历史平均净值收益率，R_f为无风险收益率，S_p表示了基金收益的总风险，包含系统性风险与非系统风险。

Sharpe指数基于资本市场线（CML）提出，能够衡量在一定风险下基金收益能力的高低。通过样本基金与市场基准组合Sharpe的对比便能衡量样本基金表现的优劣。同时由于Sharpe指数反映一定的非系统风险水平，因此还能反映基金经理分散降低非系统风险的能力。

三是Jensen指数。

Jensen指数基于资本资产定价模型（CAPM）与证券市场线提出。Jensen指数是在相同系统风险水平下样本基金历史平均收益率与市场基准组合收益率的差值。Jensen指数实际上是对基金超额收益大小的一种衡量。这种衡量综合考虑了基金收益与风险因素，比单纯地考虑基金收益大小更科学。如果Jensen指数显著为正，说明在该研究期间内基金业绩优于市场投资组合绩效，战胜了市场；如果Jensen指数显著为负，则说明在该研究期间内基金业绩不优于市场投资组合绩效，未能战胜市场。与前两项风险调整指标相同，Jensen 指数越大，表示基金的业绩表现越好。

优秀的基金产品在于能够通过主动投资管理，追求超越大盘的业绩表现。这说明基金投资不仅要有收益，更要获得超越市场平均水准的超额收益。将这一投资理念量化后贯彻到基金产品中来，就是要通过主动管理的方式追求 Jensen 指数的最大化，以创造基金投资超额收益的最大化。只有战胜了市场基准组合并获得超额收益，才是专家理财概念的最佳诠释。投资者只有投资这样的基金产品，才能真正达到委托理财、获得最大收益的目的。

Jensen 指数是测定证券组合经营绩效的一种指标，是证券组合的实际期望收益率与位于证券市场线上的证券组合的期望收益率之差。1968 年，美国经济学家迈克尔·詹森发表了《1945—1964 年间共同基金的业绩》一文，提出了这个以资本资产定价模型（CAPM）为基础的业绩衡量指数。它能评估基金的业绩优于基准的程度，通过比较考察期基金收益率与由定价模型 CAPM 得出的预期收益率之差，即基金的实际收益超过它所承受风险对应的预期收益的部分来评价基金，此差额部分就是与基金经理业绩直接相关的收益。

投资者可以参考 Jensen 指数对基金投资的期望收益与证券市场的期望收益进行比较。投资基金可能在某一段时期的收益是一个负值，但这并不表示这个基金不好，只要在这一阶段 Jensen 指数为正，仍然可以认为这是一只优秀的开放式基金；相反，投资者所购买的开放式基金有较好的现金收益，但如果它的 Jensen 指数是一个负值，那么就表示这是一个劣质的开放式基金。由于将基金收益与获得这种收益所承担的风险进行了综合考虑，Jensen 指数相对于不考虑风险因素的绝对收益率指标更为科学，也更具有可比性。将 Jensen 指数的概念运用于基金投资中，追求 Jensen 指数的极大化，也就是追求基金超额收益的极大化，这才是一个理性基金投资者的正确选择。

Jensen 指数的计算公式为：

$$\alpha_i = R_i - [R_f + \beta_i(R_m - R_f)]$$

在实证过程中，α_i 通常利用如下方程进行回归运算：

$$R_i - R_f = \hat{\alpha}_i + \hat{\beta}_i(R_m - R_f) + \varepsilon_i$$

其中，R_i 为基金净值收益率，R_f 为无风险利率，R_m 为市场收益率（一般使用市场指数增长率代替）。

当回归系数 α_i（即 Jensen 指数）越大，基金获取超过基准的超额收益率就越大。但若回归显著性检验未通过，则收益水平难以判断，因为此时收益率具有偶然性。

四是 Treynor 指数。

Treynor 指数用 TR 表示，是每单位风险获得的风险溢价，是投资者判断某一基金管理者在管理基金过程中所冒的风险是否有利于投资者的判断指标。Treynor 指数越大，单位风险溢价越高，开放式基金的绩效越好，基金管理者在管理的过程中所冒的风险越有利于投资者获利。相反，Treynor 指数越小，单位风险溢价越低，开放式基金的绩效越差，基金管理者在管理的过程中所冒的风险越不利于投资者获利。

Treynor 指数是以基金收益的系统风险作为基金绩效调整的因子，反映基金承担单位系统风险所获得的超额收益。指数值越大，承担单位系统风险所获得的超额收益越高。它是对单位风险的超额收益的一种衡量方法。在该指数中，超额收益被定义为基金的投资收益率与同期的无风险收益率之差，该指数的计算公式为：

$$T = R_p - R_f / \beta_p$$

其中，T 为 Treynor 指数，R_p 为某只基金在投资考察期内的平均收益率，R_f 表示考察期内的平均无风险利率，β_p 表示某只基金的系统风险，即风险系数。

Treynor 指数的含义就是每单位系统风险资产获得的超额报酬（超过无风险利率 R_f）。Treynor 指数越大，基金的表现就越好；反之，基金的表现越差。

Treynor 指数给出了基金份额系统风险的超额收益率，通俗地讲，就是衡量基金对于每单位系统风险的收益率。Treynor 指数考虑的是系统风险，而不是全部风险，因此，无法衡量基金经理的风险分散程度。系统风险不会因为投资组合的分散而降低，即便基金经理的风险分散做得很好，Treynor 指数可能并不会因此变大。这也成了本书淘汰 Treynor 指数的一个重要理由。

Treynor 指数、Sharpe 指数和 Jensen 指数是三个比较经典的衡量风险调整后收益的指标，对它们的比较主要注意以下两点。

一方面，这三种指标的运用操作上，由于 Sharpe 指数与 Treynor 指数均为相对绩效度量方法，而 Jensen 指数是一种在风险调整基础上的绝对绩效度量方法，相对衡量指标和绝对衡量指标在对基金的排序上可能得出不同的结论，但是这几个指标均是在完全的风险水平情况下基金经理对证券价格的准确判断能力。Treynor 指数和 Jensen 指数在对基金绩效进行评估时，均以 β 系数测定风险，忽略了基金投资组合中所含证券的数目（即基金投资组合的广度），只考虑获得超额收益的大小（即基金投资组合的深度）。而在衡量基金投资组合的绩效时，基金投资组合的广度和深度都必须同时考虑。

另一方面，在操作的选择上，Sharpe 指数模型和 Treynor 指数模型对基金绩效的评估较具客观性，Jensen 指数模型多用于衡量基金实际收益的差异。而在 Sharpe 指数和 Treynor 指数这两种模型的选择上，要考察所评估基金的类型。如果所评估的基金属于充分分散投资的基金，投资组合的 β 值能更好地反映基金的风险，那么 Treynor 指数模型是较好的选择；如果评估的基金属于专门投资于某一行业的基金，相应的风险指标为投资组合收益的标准差，那么运用 Sharpe 指数模型比较适宜。

五是 M^2 指数。

M^2 指数是由摩根斯坦利的 Leah Modigliani 及其祖父 Franco Modigliani

（1997）对 Sharpe 指数的延伸，它同样从总风险的角度衡量投资绩效，所不同的是 Sharpe 指数是相对值，M^2 指数是绝对值。其基本思想是将待评价基金的总风险调整至与市场基准组合的总风险相等，然后再比较风险调整后的收益率。M^2 指数的具体计算方法为，将现有的投资组合 P_1 与无风险证券进行组合，构建一个与市场基准组合的总风险相同的新组合 P_2，如果组合的实际收益为 R_{P1}，则经调整后的新组合的收益率为 R_{P2}，则有：$M^2 = R_{P2} - R_m$。

M^2 指数为超额收益，表达的意思为在相同总风险水平下基金的投资收益与市场投资组合收益的差异。如果 M^2 大于零，说明基金业绩优于市场投资组合业绩，M^2 指数越大越好，意味着基金业绩表现远大于市场表现。

M^2 指数也是对总风险进行调整的，它反映与资产组合相应的无风险资产混合以达到同市场基准组合具有同样的风险水平时，混合组合的收益高出市场收益的大小。其目的是纠正投资者只考虑基金原始业绩的倾向，鼓励他们应同时注意基金业绩中的风险因素，从而帮助投资者挑选出能带来真正最佳业绩的投资基金。同 Sharpe 指数相比，M^2 指数也把全部风险作为风险的度量。这种风险的调整方法很容易解释为什么相对于不同的市场基准指数，会有不同的收益水平。M^2 指数与 Sharpe 指数对基金绩效表现的排序是一致的。M^2 指数越大，基金的业绩表现越好；反之，基金的业绩表现越差。

（3）基金经理的能力指标。

无论投资者如何评价基金的业绩，其收益的实现最终还是靠基金经理实际的市场操作完成的，因此将基金经理的能力纳入评价体系具有很大的现实意义。分析基金经理对基金超额收益的贡献，其主要来源有以下三点：一是基金投资分散了风险，因承担相应的市场风险而获得的风险补偿收益；二是因具有市场时机选择能力而获得的收益；三是因基金经理具有证券选择能力而获得的投资收益。基金投资分散风险这部分的收益已经在

Markowits 的资产组合理论中得到充分诠释。20 世纪后半叶，针对基金经理超额收益能力的研究多集中于基金经理选股择时能力上。目前对于基金经理能力的评价主要围绕选股、择时两个方向。因此本书将这两个指标作为私募基金业绩评价体系的指标。

对于基金的选股择时能力有多种计算方法，本书采用较为传统的 T-M 模型进行计算。除了这种较为传统的模型，本书还将介绍 H-M、C-L 模型。

对于特征性测度、条件性业绩度量等新兴的基金经理能力评价方法，尽管对其研究已经取得初步成果，但是出于对其实用性、易于解释性的担忧，以及数学表述上的困难，本书未予介绍。从指标易得性（程序实现算法）、可靠性的角度考虑，本书选择了回归难度最小、使用最广泛的 T-M 模型所计算的选股指标与择时指标。

一是 T-M 模型。

T-M 二次项模型是在 Jensen 指数所使用的回归模型的基础上增加二次项得出。美国著名财务学者 Treynor 和 Mazuy（1966）首次创新性地提出了 T-M 模型，该模型为检验证券投资基金的证券选择能力与市场时机选择能力提供了一种很好的方法。他们在《共同基金能否战胜市场》一文中第一次对证券投资基金的择时能力和选股能力提出独特的研究模型，他们在回归方程式中添加了一个二次项条件，以突出基金经理根据市场表现逐渐调整证券投资基金的组合而产生的选股能力和择时能力，并据此进行相应的计量实证分析。他们认为，如果证券投资基金能够对市场收益进行判断，即无论市场是处于上涨的牛市之中，还是下跌的熊市之中，基金都能够赚钱，那么证券投资基金的收益和市场收益之间不再是简单的线性关系，而是可能存在一种非线性的函数关系。对应到回归模型中，即 Jensen α 指数所使用的回归模型中的 β 值应该是变化的。当市场上升时，基金经理会相应提高投资组合的 β 值；而在市场下跌时，基金经理将调低投资组合中的 β 值。因此，资产组合的特征线不再是固定斜率的直线，而是一条斜率随市场状况改变的二次曲线。这样，当市场处于上升期时，基金资产

组合的 β 值提高，收益率较 β 调整前增加得更快；当市场出现下跌态势时，基金已将 β 调整得更小，收益率的减少或损失反而比较慢，时机选择能力对基准指数（如市场指数）呈现一种非线性关系。所以基金组合收益可用关于市场收益的非线性函数形式表示为：

$$R_i - R_f = \alpha_i + \beta_i(R_m - R_f) + \gamma_i(R_m - R_f)^2 + \varepsilon_i$$

其中，R_i 为投资组合收益率，R_m 为市场收益率，R_f 为无风险收益率。

在公式中，α_i 值体现了基金的选股能力，选股能力强，超额收益高，α_i 值也高，β_i 值体现了基金收益中系统性风险的程度，γ_i 值则体现了基金的市场时机把握能力。如果 $\gamma_i > 0$，那么说明基金在多头市场和空头市场都能有强于市场风险溢价的表现，基金的市场时机把握能力就较强；如果 $\gamma_i < 0$，那么说明基金在多头市场和空头市场的表现都要弱于市场风险溢价，其市场时机把握能力就较弱。

α_i 与市场的走势无关，它代表基金与系统风险相等的投资组合的报酬率差异，如果 α_i 显著大于零，说明管理人具有证券选择能力。此处的 α_i 与 Jensen 指数的不同之处在于它已对择时能力做了调整，明确分离了选股与择时能力。如果 γ_i 显著大于零，说明基金管理人具有市场时机选择能力：因为 $(R_m - R_f)^2$ 始终非负，当 $(R_m - R_f) > 0$ 时，证券市场整体表现为牛市，投资基金的风险溢酬 $(R_i - R_f)$ 的上涨要大于市场基准组合的风险溢酬 $(R_m - R_f)$，基金经理将提高投资组合的风险水平以获得高收益；当 $(R_m - R_f) < 0$ 时，证券市场整体表现为熊市，投资基金的风险溢酬 $(R_i - R_f)$ 的下跌要小于市场基准组合的风险溢酬 $(R_m - R_f)$，基金经理将降低投资组合的风险水平，以避免投资组合因承担过高的风险而遭受损失。

二是 H-M 模型。

H-M 模型将基金的择时能力定义为基金经理预测市场收益与无风险收益之间差异大小的能力。其开发者 Henriksson 和 Merton 认为具有择时能力的基金经理能够根据这种差异有效地调整资金配置，以减少市场收益小于无风险收益时的损失。其不同于 T-M 模型利用二次项进行修正的做法，而是在单指数资产定价模型中加入虚拟项，从而实现对于选股择时能力的衡量。其公式为：

$$R_i - R_f = \alpha_i + \beta_1(R_m - R_f) + \beta_2 D(R_m - R_f) + \varepsilon_i$$

其中，R_i 为投资组合收益率，R_m 为市场收益率，R_f 为无风险收益率，D 为虚拟项。

对于虚拟项 D 有如下定义：

$$D = \begin{cases} 0, (R_m - R_f < 0) \\ 1, (R_m - R_f \geqslant 0) \end{cases}$$

其含义为：当市场较强时，即市场收益率大于无风险收益率时，$D=1$；否则，$D=0$。如果 $\beta_i > 0$，说明基金的市场时机把握能力较强，投资水平较高。如果 $\beta_i < 0$，说明基金的市场时机把握能力较弱，投资水平较差。

在这里，设定 $\beta = \beta_1 + \beta_2$，β 系数代表基金经理人根据市场风险溢酬调整投资组合的能力，进而可以将择时能力重新定义为：基金经理人通过对市场整体收益与无风险收益之间的差异进行预测，据此调整投资组合，将资金有效分配到金融市场不同类型的产品中，以规避风险，使业绩最大化，体现为把握市场时机的能力。当市场表现为多头时，$\beta = \beta_1 + \beta_2$ 取值较大；反之，当市场表现为空头时，$\beta = \beta_1$ 取值较小。如果 β 显著大于零，说明基金管理人能够预测到市场收益与无风险收益之间的差异，具有把握市场时机的能力。

具备择时能力的基金管理人能够对整体经济形势提前预测，调整其资金配置组合比例，当市场整体表现为牛市时，由于取值较大，投资基金的风险溢酬 $(R_m - R_f)$ 的上涨要大于市场基准组合的风险溢酬 $(R_m - R_f)$；当市场整体表现为熊市时，由于 β 取值较小，投资基金的风险溢酬 $(R_m - R_f)$ 的下跌要小于市场基准组合的风险溢酬 $(R_m - R_f)$。基金经理人的表现可以归述为：如果基金经理人具备判断市场投资时机的能力，那么他能够依据这种差异有效调整资金的配置方式，以降低市场收益率与无风险收益率不相等时产生的风险。当市场处于上升期时，会产生更大赢利机会的预期，基金经理人愿意承担更大的市场风险，通过增持股票等高风险资产获得超额收益；相反，市场处于下跌期时，基金经理人需要加强对金融风险的控制，通过增持债券、现金等低风险资产来有效降低风险，避免市场整体收益率小于无风险收益率时产生的损失。基金管理人如果不具备择时能力，那么就不能够准确预测市场的发展趋势，或者不具备调整资金配置的能力。

三是 C-L 模型。

Chang 和 Lewellen（1984）对 H-M 模型进行了改进，所建立的模型为：

$$R_i - R_f = \alpha_i + \beta_1(R_m - R_f)D_1 + \beta_2(R_m - R_f)D_2 + \varepsilon_i$$

上式中符号定义与 H-M 模型相同。

当 $R_m > R_f$ 时，$D_1 = 1$，$D_2 = 0$；当 $R_m < R_f$ 时，$D_1 = 0$，$D_2 = 1$。β_1 为多头市场时（即市场形势看好时，买盘大于卖盘）基金 β 值，β_2 为空头市场时（即市场形势看坏时，卖盘大于买盘）基金的 β 值。通过 $\beta_1 - \beta_2$ 的验定，可以判断基金经理的择时能力。若 $\beta_1 - \beta_2 > 0$，表示基金经理具备择时能力。α_i 的意义与前面两个模型相同，表示基金经理的选股能力。

C-L 模型具有较强的适用性。该模型的优点在于能够分别得出基金在空头和多头市场的 β 值，即使在基金不具有择时能力时 $(\beta_1 > \beta_2)$，我们也能够通过 β_1 和 β_2 的值分析基金的特点，而对 T-M 模型和 H-M 模型的分析结果通常都不显著，这与模型的自身因素有关。

（4）基金业绩持续性指标。

目前国外广泛使用的基金业绩持续性检验方法包括两类：参数检验法与非参数检验法。参数检验法是指横截面回归法，非参数检验法主要包括基于双向表的非参数检验及 Spearman 等级相关系数检验法。若将非参数检验法的检验结果作为哑变量，则指标得分所表现出的差异实际上大于检验结果的差异，因而会造成评价的误差。出于对方便量化的考虑，本书将采用参数检验法中最常见的横截面回归法。该方法利用对基金业绩排名期与评价期的超额收益的指标进行回归分析，获得横截面回归的斜率系数，并通过对斜率系数的显著性来判断持续性的存在与否。本书将横截面回归法所得到的回归参数作为私募基金业绩评价体系指标。

横截面回归法是由格林巴尔特和蒂特曼（1992）提出，基本思路是检验一个评价期内的超额收益是否与接下来持有期内的超额收益有正的相关关系。早在 Sharpe（1966）和 Jensen（1968）利用等级系数法对基金业绩分析时，有关基金业绩持续性的研究就已经开展。横截面回归法一般是将整个样本期分为时期相当的两个子样本期，通过私募基金后部分业绩对前部分业绩关于横截面回归的斜率系数来检测其是否显著，从而对其业绩持续性进行判断。它具有易操作、易被修正的优点。检验可以通过三个步骤进行。

首先，将整个样本区间分成两个子区间，并将这两区间分别命名为评价期与持续期。一般采用“滚动方法”建立不同的评价期和持续期，这样做的原因在于：保证了实证结果的完整性，也就是在保持各个评价期和持续期样本数量不变的前提下，把评价期的起始与终止时间顺次向前顺延一期，以此类推，直至实证结束。“滚动方法”考虑了潜在的基金业绩随时间的变化，减少了经济周期的影响。

其次，求出样本基金在排名期和评价期的超额收益。

最后，利用样本基金在评价期的超额收益对排名期的超额收益进行横截面回归。

横截面回归法的回归方程如下：

$$\alpha_{(i,t)} = \gamma_{(i,t)} + \beta_{(i,t)}\alpha_{(i,t+\tau)} + \varepsilon_{(i,t)}$$

其中，$\alpha_{(i,t)}$ 为私募基金 i 在 t 期的超额收益指标，$\alpha_{(i,t+\tau)}$ 为私募基金 i 在 $t+\tau$ 期的超额收益指标，$\beta_{(i,t)}$ 为回归斜率系数。

对实证结果的解释是：如果横截面回归的斜率系数显著大于零，说明基金业绩具有一定持续性，即排名期表现优秀的基金在评价期仍将表现优秀，而排名期表现不佳的基金在评价期仍将低迷；如果斜率系数在统计意义上等于零，说明基金业绩不存在持续性，即基金的前后业绩不存在关联；如果斜率系数在统计意义上小于零，说明基金业绩存在一定的逆转性，即排名期表现良好的基金在评价期业绩有表现不佳的风险，而排名期表现不佳的基金在评价期将有较为良好的超额收益表现。

4.2.4 指标有效性分析

（1）有效市场假说。

通过上文所构建的私募基金评价体系我们可以发现，本书选取的评价指标均是基于历史基金业绩计算而来，因此历史数据是否能够作为投资者的参考信息并评价基金业绩表现的数据来源是一个关键的问题。针对这一问题，有效市场假说做了充分的解释。

有效市场假说在 1965 年由 Eugene Fama 提出。这一理论的研究对象是证券市场基金配置的效率问题，这一问题的主要衡量标准是证券的价格对于市场信息的反应速度、反应程度，而研究这一问题的关键就在于市场是否有效。

Eugene Fama 对市场有效性的定义为：在证券市场上，证券的价格包含了一切的信息，证券价格能够正确反映所有相关信息（信息是完全的），证券价格是对证券价值的反映；并且，当市场信息发生变化时，证券价格能够迅速调整，并完全体现新信息，那么这样的证券市场就被称为有效市场。在有效市场环境下，证券的价格在每一个时间点上都是价值的最优反映。

该理论认为，若要实现有效市场则必须满足三个前提条件。

第一，市场上的信息是真实的、充分的、有效的。每个投资者所能够得到的与实际得到的信息完全相同，不存在信息不对称的问题。

第二，投资者获得信息的成本为零，这意味着每一个投资者都能够平等且完全地获得市场信息。

第三，市场投资者均是理性的，即市场投资者均为理性人。理性人以实现自身收益最大化为最终目标，同时投资者能够充分获得市场的全部信息，并对信息做出理性判断。

三个前提条件使有效市场实现的内在逻辑为：

第一，理性人只有在完全获得成本为零的信息面前才能使信息对于每一个投资者都是对称的。也就是说，只有在这种情况下，理性人才能获得完全相同的信息（包括共享的信息）。

第二，在假设三部分成立的时候（市场上有部分人是非理性的），其交易呈现明显的随机状态。因为随机过程对于市场向每一个方向发展的影响都是等概率的，因此最终的结果就是部分非理性人不会破坏证券定价的正确性，其定价仍然是由理性人所决定的。

第三，在假设三部分成立的时候，有时会出现非理性人交易的非随机性，如跟风投资。这时价格会暂时偏离价值，但这种状态并不会持续下去。因为理性人会利用这种价值规律实效的状态实现套利，从而使这种偏离得到修正。从长远来看，这种套利会使非理性人遭到周期性损失，最终迫使其退出市场。因此满足某些假设（1、2、3 的等价假设）的市场有效性是一种稳定的有效性。

这些近乎无法满足的强假设也为日后几十年学术界对于有效市场假说无休止的争论埋下了伏笔。尽管如此，这不妨碍该理论成为古典金融理论体系中最具有影响力的理论之一。

在 Eugene Fama 之后有大量学者对市场有效性进行了研究，并提出了有效市场的三种存在状态。

一是弱式有效市场，证券价格只包括以往的价格信息集，如历史成交价格、成交量等信息。

二是半强式有效市场，证券价格包括以往的价格信息和其他共享信息，包括弱有效市场证券价格的全部信息及诸如公司管理运营前景等信息。

三是强式有效市场，证券价格包括市场子集的独享信息及所有可以共享的信息。在半强式有效市场信息的基础上，证券价格还包含公司运营的所有信息（包括披露与未披露的）。

（2）有效市场假说对于私募基金业绩评价体系的影响。

有效市场假说能直接影响本书评价体系的有效性，如果市场没有达到弱式有效性，也就是说，当前的价格并未完全反映出充分的信息，因此理性人无法直接通过价格做出正确的决策，但这部分信息仍将被未来的价格所反映。在这种情况下，利用技术分析的手段（即利用历史数据对价格变化的倾向进行判断）对基金业绩进行评价，从而在交易中获利是可行的。但是，如果是弱式有效市场，则历史成交价格等信息已完全反映在当前的价格中，未来的价格变化将与当前及历史价格无关，这时使用技术分析和图表分析基金历史业绩并以此评价基金业绩表现和做出决策是无效的。若没有关于未来的信息披露，仅通过基金业绩的时间序列进行技术分析，那么，当前的基金表现就是未来的基金表现，技术分析将变得毫无意义。

同样的影响出现在强式有效市场假说中。如果是强式有效市场，人们都有平等的权利与能力获取公司的内部资料。这时市场满足信息对于每个人都是完全的、充分的、有效的假设，在这种情况下，那种企图通过独家信息从市场上获得超额收益的做法是行不通的，因为根本不存在什么独家信息。在强式有效市场中，任何专业投资者的边际市场价值为零，因为没有任何资料来源和加工方式能够稳定地增加收益。

对于证券组合的管理来说，如果是强式有效市场，组合管理者完全有理由也势必会选择消极保守型的态度，来获得市场平均的收益率水平。因为区别未来基金好坏的信息无法从目前任何数据中获得，只有未来的新信息才会使基金经理们有依据调整投资组合。这使投资成为一件受到随机信息影响的随机事件，投资组合成为收到随机信息影响的随机因变量。因此，在这样一个市场中，对于基金的评价体系是没有意义的，因为过去的信息都包含在价格里，去分析价格远比分析历史表现更有效果。

由此我们看出市场环境决定了评价体系的存在是否有效和有意义。

（3）基金业绩评价体系的有效性及可行性。

尽管过去几十年学术界从未停止对市场有效性的怀疑，证券市场的反常现象屡屡与有效市场理论相悖，但这一理论仍未被推翻，在其基础上发展出来的基金业绩评价方法也被广泛使用，对其的修正与发展也从未止步。同时，私募基金的一些特点使原本在一般开放式基金评价中基金业绩评价体系（泛指所有依靠技术分析的评价方法）并不显著的有效性得到增强。

私募基金的参与主体是投资机构，机构投资者因为有较强的信息收集能力与更专业的信息处理能力，一般被认为是理性人的代表。尽管这并不完全符合理性人的定义，但机构投资者确实在对信息做出正确判断进而做出正确抉择，最终实现定价的正确性方面存在着显著优势。因此在交易参与主体的特征与行为模式上私募基金市场更符合有效市场的假设。我们有理由认为有效市场的三种存在状态是可以实现的。基于此，上一小节假说对评价体系影响的分析也可以应用到私募基金业绩评价体系上来。

由于信息披露制度的不完善，私募基金业绩及其他基金管理信息披露不充分，而且由于私募基金起投 100 万元人民币的门槛限制，其信息获得成本是否为零存在很大疑问。由于私募基金市场尚未达到弱式有效市场状态，因此导致未来基金业绩走势的信息包含在历史业绩中却不被全部投资者掌握。在这种信息不对称的情况下，通过对私募基金业绩的评价，在理论上可以实现未来收益的提高。因此，私募基金业绩评价体系在私募市场环境下存在有效性，依靠私募基金业绩评价体系使未来收益更高是可行的，而且这种有效性、可行性要比一般基金评价体系要高。

4.3 基于层次分析法的指标权重确定

4.3.1 层次分析法简介

层次分析法是美国运筹学家 A.L.Saaty 在 20 世纪 70 年代为解决美国

国防部“根据各个工业部门对国家福利的贡献进行电力分配”课题而提出的层次权重分析方法。该方法于 1971 年第一届国际数学建模会议上被提出，随后为美国各部门解决了电力分配、应急研究等多个领域的问题。该方法在实践中的良好效果使其在西方得到了广泛的认可，围绕层次分析法的研究和应用也相继展开。1982 年在中美能源、资源与环境学术会议上我国的研究人员接触到这一方法，我国学者随即展开对层次分析法的研究。由此，层次分析法在我国得到长足发展，它被广泛应用于经济计划、成果评价等诸多领域。

层次分析法是通过对评价目标进行逐层分解、细化指标，再对相关指标进行评判得分，并乘以相应权数后得出最终结论的分析方法。具体方法是对同一层次各个指标间的两两比较建立该层次评价矩阵，通过求解该层次评价矩阵的特征值得到该层次各个指标的权重。

4.3.2　层次分析法可行性分析

私募基金业绩评价体系由一系列存在一定联系、重要程度不一、可以用来衡量被评价产品业绩的指标构成，它们有些是定性的，有些是定量的。因此在进行综合评价时，为了使分析数据具有一致性，评价结果具有可比性，就需要对各项指标根据一定标准进行量化。

由于传统的基金业绩评价方式的各项指标各有侧重，因此很容易将它们聚类并形成一定层次。其各项指标则可以通过专家打分、初值化变换、均值化变换等方式进行统一量化，并通过权重向量衡量其相对于上一层次的重要性。权重向量是由每个指标对于总指标贡献的百分比所构成的向量，通常使用一定的数理方法获得。

由于私募基金评价指标众多，一般投资者与从业者难以取舍，在实际操作中很容易被单项指标误导，从而对基金业绩产生片面的评价。因此本书采用层次分析法这一带有一定主观性的权重量化方式，参考这一领域资深研究者对于评级指标重要性的意见，从而获得权重向量。

本书主要采用层次分析法中确定指标权重的部分。该方法虽然需要通过专家团初步确认各项指标的权重值，但由于方法中设定了检验环节，对专家判断的结果通过设立矩阵的方式进行一致性检验。因此该方法具有降低主观干扰、纠正不一致观点的优势。此外，该方法的计算过程相对简单，可以对量化指标和非量化指标进行综合评判，构建模型相对固定，具有较强的通用性和推广性，比较适合私募基金的业绩评价。

4.3.3 层次分析模型的构建

（1）私募基金业绩评价指标体系的建立。

这一部分主要是依托上一节所确定的私募基金业绩评价指标构建一个三层次的私募基金业绩评价指标体系。最高层（目标层）即本书所研究的综合指标记F，中间层（一级指标）集合为 $F=\{F_i\}(i=1,2,3,4)$ 分别对应本书所构建的私募基金业绩评级体系中的四大能力（基金风险水平、基金收益能力、基金经理能力、基金业绩持续性），最低层（二级指标）集合 $F_i=\{F_{ij}\}(j=1,2,3)$ 分别对应私募基金业绩评价体系中的八个二级指标（收益率标准差、风险系数、基金净值收益率、Sharpe指数、Jensen指数、基金经理选股能力、基金经理择时能力、持续性斜率系数），如图4-1所示。

（2）根据判断值设立判断矩。

判定矩阵的元素称为判断值，其含义为下一层两个指标对上一层贡献的相对权重值，假设两个指标分别为 F_i、F_j，指标数量为n，则判断值用 a_{ij} 表示，判断矩阵 $A=(a_{ij})_{n\times n}$。a_{ij} 的赋值法多采用专家团判定法，本书也使用了这一做法。根据心理学研究，成对比较的元素不宜超过9个，因此本书采用被广泛使用的1～9标度进行赋值，如表4-1所示。

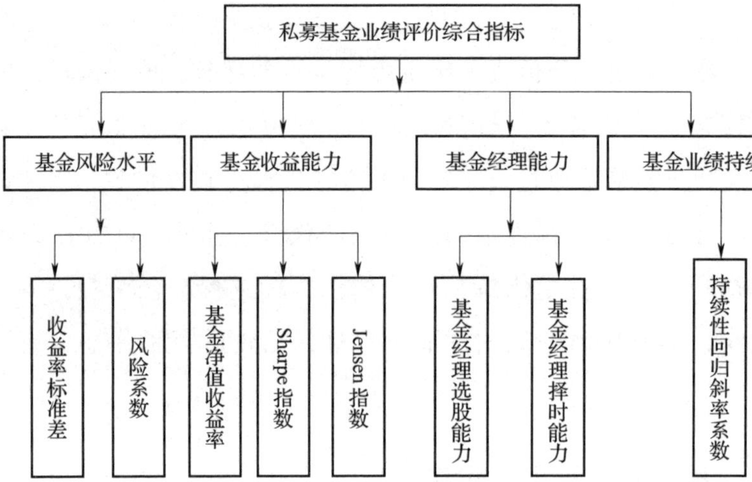

图 4-1　私募基金业绩评价综合指标体系

表 4-1　标度 1 ～ 9 的具体含义

标度	定义	具体含义
1	同样重要	两因素比较，具有相同重要性
3	稍微重要	两因素比较，其中一个稍微重要
5	明显重要	两因素比较，其中一个明显重要
7	强烈重要	两因素比较，其中一个强烈重要
9	极端重要	两因素比较，其中一个极端重要
2、4、6、8	相邻标度中值	相邻两标度之间折中时的标度
倒数	反比较	若因素甲与因素乙相比的标度为 i，则乙与甲相比的标度为 1/i

在专家团的选择方面，本书选择了来自实务界、理论界的 120 名专家对 F_i 对 F_j 重要性进行赋值，回收问卷 112 份，其中有效问卷 107 份（问卷见附录）。有效问卷从年龄分布来看，21 ～ 39 岁的有 16 名，30 ～ 39 岁的有 77 名，40 岁以上的有 14 名，占比分别为 15%、72% 和 13%。在教育程度方面，大专及以下仅 3 名，本科高达 62 名，研究生学历以上的有 42 名，占比分别为 2.8%、57.9% 和 39.3%。从收入水平来看，5000 元

以下的有 6 名，5000 ～ 8000 元的有 24 名，8000 ～ 15000 元的有 45 名，15000 元以上的有 32 名，占比分别是 5.6%、22.4%、42.1% 和 29.9%。从所在组织性质来看，国有企业有 40 名，事业单位有 4 名，民营企业有 41 名，其他的有 22 名，占比分别为 37.4%、3.7%、38.3% 和 20.6%。从所在岗位来看，投研岗有 38 名，交易岗有 44 名，风控岗有 8 名，其他岗位有 17 名，占比分别为 35.5%、41.1%、7.5% 和 15.9%，如表 4-2 所示。

表 4-2　描述性统计

	分类指标	人数 / 个	占比 /%
年龄	21 ～ 29 岁	16	15
	30 ～ 39 岁	77	72
	40 岁以上	14	13
教育程度	大专及以下	3	2.8
	本科	62	57.9
	研究生学历以上	42	39.3
收入水平	5000 元以下	6	5.6
	5000 ～ 8000 元	24	22.4
	8000 ～ 15000 元	45	42.1
	15000 元以上	32	29.9
组织性质	国有企业	40	37.4
	事业单位	4	3.7
	民营企业	41	38.3
	其他	22	20.6
岗位	投研岗	38	35.5
	交易岗	44	41.1
	风控岗	8	7.5
	其他岗位	17	15.9

针对调查问卷结果进行实际分析处理，对有效的问卷进行汇总计算，样本数据最终取用中位数得出表格内的统计数据，并得出私募基金业绩评价体系中各指标的相互比较矩阵。

（3）判断矩阵的一致性检验。

专家团在对指标进行赋值的时候受限于直观评价的局限性，无法保证评价的完全一致性，因此需要一致性检验。

所谓的完全一致性是指以任意矩阵元素为基准，得到元素之间重要性的结果是完全相同的。假设判断矩阵为 A，如果其具有完全一致性，则其最大特征值 $\lambda_{max}=1$ 。但是实际构造的矩阵不可能是完全一致的。一般来说，只要矩阵具有相对一致性，我们就可以认为其通过了一致性检验。对矩阵一致性进行衡量的公式为：

$$CR=\frac{CI}{RI}$$

其中：

$$CI=\frac{\lambda_{max}-n}{n-1}$$

其中，λ_{max} 为最大特征值，n 为评价指标数量。

平均随机一致性指标（RI）取值参如表 4-3 所示。

表 4-3　平均随机一致性指标（RI）

阶数	1	2	3	4	5	6	7	8	9
RI	0	0	0.58	0.90	1.12	1.24	1.32	1.41	1.45

若 $CR<0.1$ ，则认为矩阵一致程度可以接受。若 $CR>0.1$ ，则认为矩阵一致程度无法被接受，需要对 F_i 和 F_j 的重要性进行调整，直到矩阵满足 $CR<0.1$ 的标准为止。

在计算最大特征值的过程中，为了使计算过程更为简化，本书采用和法进行相关运算，具体如下。

首先，将判断矩阵 $A=(a_{ij})_{n\times n}$ 进行列归一化，得到归一化矩阵 $B=(b_{ij})_{n\times n}$，其中 $b_{ij}=a_{ij}\Big/\sum_{i=1}^{n}a_{ij}\,(j=1,2,\cdots,n)$。

其次，对归一化矩阵 $B=(b_{ij})_{n\times n}$ 的每一行进行求和，得到矩阵 $C=(c_1, c_2,\cdots,c_n)^T$，其中 $c_i=\sum_{j=1}^{n}b_{ij}(i=1,2,\cdots,n)$。

再次，对矩阵 C 进行归一化，得 $W=(w_1,w_2,\cdots,w_n)^T$，其中 $w_i=c_i\Big/\sum_{i=1}^{n}c_i\ (i=1,2,\cdots,n)$。

最后，计算 λ_{max}，公式为：

$$\lambda_{max}=\frac{1}{n}\sum_{i=1}^{n}\frac{(AW)_i}{w_i}$$

其中，$(AW)_i$ 为矩阵 A 与矩阵 W 之积的分量。

（4）计算权重向量。

权重向量表征了每一个指标对上一级指标影响的大小。在权重向量的计算过程中，本书亦选择和法，具体做法如下。

计算 $A'=(a_1,a_2,\cdots,a_n)$，其中 $a_i=\sum_{j=1}^{n}a_{ij}\Big/\sum a_{ij}\,(i=1,2,\cdots,n)$。

计算权重向量 $P=(p_1,p_2,\cdots,p_n)$，其中 $p_i=a_i\Big/\sum_{i=1}^{n}a_i\,(i=1,2,\cdots,n)$。

根据上文所列判断矩阵，结合和法，可以计算出各层次因素的权重，以及最大特征值，如表 4-4 ～表 4-7 所示。

表 4-4　私募基金业绩加权判断矩阵

	风险水平	收益能力	经理人能力	持续性水平	权重
风险水平	1	1/3	1/5	1/3	0.0721
收益能力	3	1	1/3	1/3	0.1804
经理人能力	5	3	1	3	0.4639
持续性水平	3	3	1/3	1	0.2836

计算判断矩阵的最大特征根 λ_{max} 为 4.2，一致性评价指标 CR 为 0.074，

小于 0.1，说明通过一致性检验，该判断矩阵有效，指标权重合理，可以使用。

表 4-5 收益能力加权判断矩阵

	平均收益率	Sharpe 指数	Jensen 指数	权重
平均收益率	1	1/3	1/3	0.1282
Sharpe 指数	3	1	3	0.5382
Jensen 指数	3	1/3	1	0.3336

计算判断矩阵的最大特征根 λ_{max} 为 3.1，一致性评价指标 CR 为 0.086，小于 0.1，说明通过一致性检验，该判断矩阵有效，指标权重合理，可以使用。

表 4-6 风险水平加权判断矩阵

	收益率标准差	风险系数 β	权重
收益率标准差	1	1/3	0.25
风险系数 β	3	1	0.75

计算判断矩阵的最大特征根 λ_{max} 为 2，一致性评价指标 CR 为 0，小于 0.1，说明通过一致性检验，该判断矩阵有效，指标权重合理，可以使用。

表 4-7 基金经理选股择时能力加权判断矩阵

	选股能力	择时能力	权重
选股能力	1	1/3	0.25
择时能力	3	1	0.75

最终计算结果形成私募基金业绩评价体系各指标的权重，如图 4-2 所示。

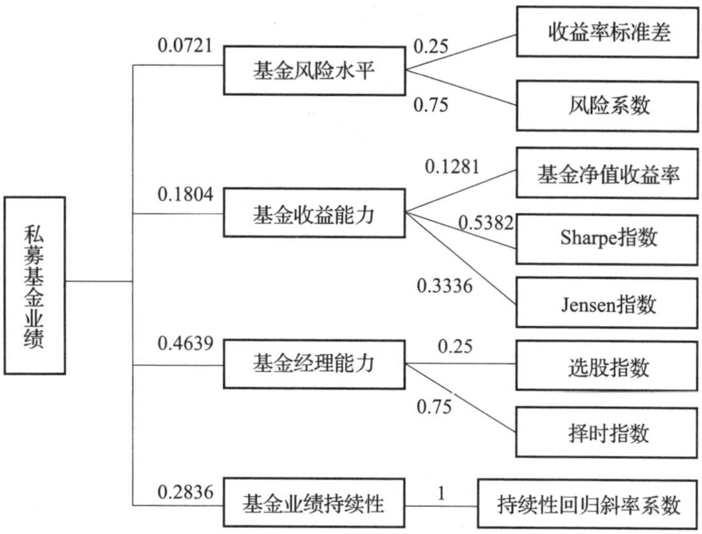

图 4-2　指标体系的权重确定

4.4 灰色系统理论应用

4.4.1 灰色系统理论综述

（1）灰色系统理论。

华中科技大学控制科学与工程系教授、博士生导师邓聚龙于 1982 年提出灰色系统理论。它是用来解决信息不完备系统的数学方法。该方法一经提出便在国内外引发广泛的讨论与研究，现已发展成为以灰色代数系统、灰色方程、灰色矩阵等主要内容为基础的理论体系，并形成了以系统分析、评估、建模、预测、决策、控制、优化为主体的技术体系。

（2）灰色系统。

客观世界在不断发展变化的同时，往往通过事物之间及因素之间相互制约、相互联系而构成一个整体，我们称之为系统。长久以来，人们试图通过已获得的信息对系统内部的原理进行分析、推测，但并不是所有的分析与推测都是完备的。所谓灰色系统就是一个从这一角度出发的、认识论的相对概念，它区分于白色系统、黑色系统。白色系统是指系统所发出信息的受体对系统内部特征及原理完全掌握的系统，即控制论中的“白箱”。人类社会中最典型的例子为工程技术系统，其信息量充足，结构、参数明确，发展变化规律明显，便于定量表达。黑色系统则是指系统所发出信息的受体对系统内部特征及原理完全不掌握的系统，即控制论中的“黑箱”。而灰色系统则是介于白色系统与黑色系统之间的一种系统，其信息受体能够接受少量信息，并掌握有限的内部特征，但其内部的特征及原理并未被全部掌握，信息的受体也无法建立客观的物理原型，内部因素难以辨识或之间关系隐蔽，因此对其定量描述难度较大。自然界与人类社会中存在数量最多的便是此种系统，社会系统、生态系统、交通系统等均可以视为灰色系统。

目前还没有公认的对系统的严格定义，较为流行的方法是将系统表示成抽象集的形式，其数学表达如下：

$$S \in X\{V_i \mid i \in I\}$$

其中：S 为笛卡尔集，即系统的抽象；V_i 为与 S 相关的各分量；I 为指标集。

当指标集 I 有限时，S 可表示为：

$$S \in V_1 \times V_2 \times \cdots \times V_n$$

（3）灰色系统特点与方法论原则。

在人类认识世界的过程中，白色系统无疑是最容易被认知的，其内部原理被人类掌握，对于白色系统的研究可以完全建立在定量分析的基础上。但是在自然与人类社会的实际问题中灰色系统占了绝大部分，而绝对的白色与黑色系统少之又少。

对于灰色系统研究的难度在于：灰色系统通常受到“噪声”（随机干扰）的影响，即具有不确定性。通常，对于内涵明确、内外延不明确的系统使用模糊数学的工具，凭借经验依靠隶属函数进行分析；而对于内涵不明确、外延随机不确定的系统多使用概率统计的方法，如回归分析、方差分析、主成分分析等，从历史统计规律出发对系统进行分析。这两种方法都需要大样本、大计算量，但很多实际问题的样本很容易产生样本规模不足、样本分布规律不佳的情况，从而导致统计规律不明显。此外，回归分析不能分析因素间动态的关联程度，即使是静态，其精度也不高，且常常出现反常现象。

灰色系统理论提出了一种新的分析方法——关联度分析方法，即根据因素之间发展态势的相似或相异程度衡量因素间关联的程度，它揭示了事物动态关联的特征与程度。由于以发展态势为立足点，因此对样本量的多少没有过多的要求，也不需要典型的分布规律，计算量少到甚至可用手算，且不致出现关联度的量化结果与定性分析不一致的情况。

其方法论原则可以归纳为以下几点。

一是信息非完全性原则。

由于客观事物存在变化，而人能够获得的信息总是有限的、不完全的。依据不完全的信息来处理问题正是灰色系统理论的重要特征。系统所发出的信息对人类认知系统都具有一定的意义，因此充分发挥有限而非完全信息的价值是灰色系统理论的一个原则。

二是非唯一化原则。

由于灰色系统行为模式的不确定性，因此对其行为的描述及未来行为的描述也是非唯一的；由于灰色系统理论多用于交叉学科与边缘学科，因此其所能采用的数理基础及系统理论方法也不是唯一的，如在灰色评价中，对于同一评价对象可供采用的方法、指标等是非唯一的。通常情况下，构成评价体系的数量可用一个范围来约束，这个范围就称为灰靶，其对应于评价体系中可被用作评价指标项目的全体。从灰靶中确定一个被广泛接受的评价方式，便是灰色评价。

非唯一性原则的存在，使同一类系、不同系统之间的联系增强，由此增强了系统的可比性、可量化性、可选择性及可优化性。

三是现实信息优化原则。

灰色系统理论最为突出的特点就是对样本的规模及分布特征并不苛求。它只需对已掌握的部分信息进行合理的加工处理，就能对系统动态过程做出科学的描述和正确的预测。当然，这是建立在对现实信息优化原则之上的。

灰色系统方法遵循现实信息优先原则，即在处理历史信息与现实信息时侧重于现实信息。因为我们研究的系统存在于现实，现实信息更能够体现其目前的特征状态，也更能反映未来系统的发展；而历史的信息，依据灰色系统的观点，已经被显示信息所载有并反映在显示信息中了。因此可以看出灰色系统强调这种累加的效果，当前的信息是历史信息经过一系列的处理而得到的。而灰色系统所做的正是依据当前的行为特征数据，挖掘充分外露的隐含规律，寻找因素间或因素本身的数学关系。

从灰色系统的观点来看，杂乱无章的数据列并不被认为是不可捉摸。相反地，灰色系统理论将随机量看作是在一定范围内变化的灰色量，按适当的办法将原始数据进行处理，将灰色数变换为生成数，从生成数中得到规律性较强的生成函数。例如，某些系统的数据经处理后呈现出指数规律，这是由于大多数系统都是广义的能量系统，而指数规律是能量变化的一种规律。

四是灰数、灰参数、灰度。

只知道大概范围而不知道其确切值的数称为灰数。实际上，灰数是指已知信息不完全的数所落在的某一个区间或某个一般的数集。灰数分为信息型、概念型、层次型三类。信息型灰数是指由于缺乏信息而不能肯定取值的数；概念型灰数是指由人们的观念与意愿形成的灰数；层次型灰数是指由层次改变形成的灰数。

信息不完全的元素称为灰参数与灰元。一般来说，一个方程中变量是列向量，而列向量又是灰向量时，列向量被称为灰元；而方程中其他参数为灰数时，其他参数称为灰参数。

灰度是基于测度论的一个概念。灰数所形成的集合的测度称为灰度。

五是白化数、白化权函数。

假设灰数为区间 A，若在区间 A 内取一个 a_i，则称 a_i 为灰数 A 的一个可能的白化数值。

白化权函数是研究者根据已知信息设计的。它以定量描述的形式刻画了个数据点隶属于该灰数的程度，反映了人们主观上掌握灰数的信息。

白化权函数有四种基本形式，如图 4-3 所示：

图 4-3（a）所示称为典型白化权函数，图 4-3（b）所示称为下限测度白化权函数，图 4-3（c）所示称为适中测度白化权函数，图 4-3（d）所示称为上限测度白化权函数。

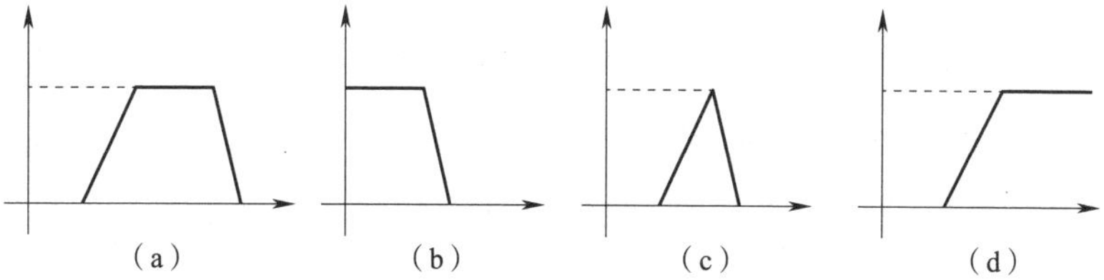

图 4-3　白化权函数的四种基本形式

白化权函数的构造方法步骤如下。

第一，确定灰色类别边界。

灰色类别边界是在对问题深入理解的基础上，根据问题的实际情况采取定性分析的手段确定的。确定灰色类别边界是确定灰色类别的白化权函数的前提。

第二，确定白化权函数的基本形式。

白化权函数的基本形式是根据灰类内元素的特征确定的。对于内部元素更大且更优秀、更明确的灰类，采用上限测度白化权函数；对于内部元素更小且更优秀、更明确的灰类，采用下限测度。若该灰色类别内的元素取白化值的可能性围绕着某小区间内元素左右递减，则采用典型测度白化权函数。若围绕的是一个点，则变为适中测度白化权函数。

第三，确定白化权函数的转折点。

白化权函数的转折点是建立在对所研究数量指标不同灰类之间的差异的基础上确定的。这一过程较为困难，现有研究多围绕如何科学选择转折点展开，通常采用的做法是依据经验确定。

4.4.2 基于灰色系统理论的多层次分析法

私募基金业绩评价的指标较多，指标之间既有复杂的关联性，也有一定的层次性，单独采取以专家评估为代表的偏主观的分析方法或以数学分析为代表的偏客观的分析方法所取得的效果并不好。因此本书采用主客观并重的多层次灰色评级法。多层次灰色评级法以数量化指标与数量化运算为基础，虽然多层次灰色评价法仍将专家意见纳入评价体系中，但是通过将评估者的分散信息处理成一个描述不同灰类程度的权向量并对其进行单值化处理，该方法很好地解决了评估者知识经验、认识能力、个人偏好等因素带来的难以消除的误差（评估信息准确性和完整性不足，即数据具有灰色性）。

多层次灰色评价法的具体步骤如下。

一是制定评价指标 F_{ij} 的评分等级标准。确定一级指标与二级指标。通过制定评价指标评分等级标准，赋予评价二级指标一定分值。

二是确定下一层评价指标对上一层评价指标的权重。本书采用了层次分析法确定 F_i 与 F_{ij} 的权重向量 A 与 $A_i (i=1,2,\cdots,n)$。

三是组织专家对考察样本进行评分并建立相应的评价样本矩阵。共设有 p 个专家，专家序号为 $k(k=1,2,\cdots,p)$，请专家按照事先制定好的评分等级标准对二级指标进行打分，根据 k 号专家的评分 d_{ijk} 构建评价样本矩阵：

$$D=(d_{ijk})(n_1+n_2+\cdots+n_m)\times p$$

其中，m 为一级指标数量，n_i 为第 i 个一级指标下二级指标数量 $(i=1,2,\cdots,m;\ j=1,2,\cdots,n_i)$。

四是确定评价灰类。设评价灰类序号 $e=(1,2,\cdots,g)$，本书取 $e=3$（即评价灰类取“优秀”“良好”“合格”三级）。其相应的灰数及白化权函数如下。

第 1 灰类“优秀”$(e=3)$，设定灰数 $\otimes_1\in\left[d_1,+\infty\right]$，白化权函数为 f_1。

$$f_1(d_{ijk})=\begin{cases} d_{ijk}/3 & d_{ijk}\in[0,3] \\ 1 & d_{ijk}\in(3,\infty) \\ 0 & d_{ijk}\notin[0,\infty) \end{cases}$$

第 2 灰类“良好”$(e=2)$，设定灰数 $\otimes_2\in\left[0,d_2,2d_2\right]$，白化权函数为 f_2。

$$f_2(d_{ijk})=\begin{cases} d_{ijk}/2 & d_{ijk}\in[0,2] \\ (4-d_{ijk})/2 & d_{ijk}\in(2,4] \\ 0 & d_{ijk}\notin[0,4] \end{cases}$$

第 3 灰类“合格”$(e=1)$，设灰数 $\otimes_3\in[0,d_3,2d_3]$，白化权函数为 f_3。

$$f_3(d_{ijk})=\begin{cases} 1 & d_{ijk}\in[0,1] \\ 2-d_{ijk} & d_{ijk}\in(1,2] \\ 0 & d_{ijk}\notin[0,2] \end{cases}$$

五是计算灰色评价系数。

评价样本的指标 F_{ij} 属于第 e 个评价灰类的系数 $x_{ije}=\sum_{k=1}^{p}fe(d_{ijk})$。该样本属于全部灰类的总灰色评价数 $x_{ij}=\sum_{e=1}^{g}x_{ije}$。

六是计算灰色评价权向量及权矩阵。

专家就指标 F_{ij} 主张第 e 个灰类的灰色评价权 $r_{ije}=\dfrac{x_{ije}}{x_{ij}}$，评价指标 F_{ij} 对于各灰类的灰色评价权向量 $r_{ij}=(r_{ij1},r_{ij2},\cdots,r_{ije})B=A\cdot R=(b_1,b_2,\cdots,b_e)$，将评价指标 F_{ij} 对各评价灰类的灰色评价权向量进行综合后，得到评价样本的评价指标 F_{ij} 对于各评价灰类的灰色评价权矩阵 R_i。

七是对一级指标 F_i 作综合评价。

对评价样本的 F_i 作综合评价，得到一级指标评价结果 $B_i=A_i\cdot R_i=(b_{i1},b_{i2},\cdots,b_{ie})$。

八是对 F 作综合评价。

由 B_i 得评价样本的 F 所属指标 F_i 对于各评价灰类的灰色评价权矩阵 R，评价样本的 F 作综合评价的结果，则 $B = A \cdot R = (b_1, b_2, \cdots, b_e)$。

九是计算单值化综合评价指标。

若按取最大原则确定被评者所属灰类等级，有时会因丢失信息太多而失效。因此 B 不能直接用于被评者得分间的排序选优。将各灰类等级按“灰水平”赋值（即灰类得分），则各评价灰类等级向量 $C = (d_1, d_2, \cdots, d_e)$，求出综合评价值 $W = B \cdot C^T$。

第5章 私募基金业绩评价实证研究

本章利用目前国外成熟的基金业绩评价理论及上一章节所构建的私募基金业绩评价体系对样本基金在熊市、牛市、市场震荡期及整体考察区间的收益能力、风险水平、基金经理人能力和基金业绩持续性进行了实证研究。

5.1 样本与数据说明

我国私募基金行业自 2013 年 6 月得到法律层面的认可之后，方才进入全面快速发展阶段，考虑到研究的合理性、数据的可获得性及私募基金目前的规模和数量，本书以私募基金业绩表现为衡量标准，选取了 2014 年 6 月 30 日前发行，2017 年 7 月 31 日之后仍存续的私募基金作为研究对象，剔除了研究对象中数据有缺失的样本，剔除了明显的异常值和非按月披露业绩数据的样本，最终得到 78 个有效样本，研究这些样本在 2014 年 7 月 1 日到 2017 年 6 月 30 日三年时间里经历了一波上涨的牛市和一波下跌的熊市，共计 38 个月的基金收益率表现，样本基金业绩评价时间区间确定的依据如下。

一是在该评价期内，国内证券市场经历了一波上涨的牛市和一波下跌的熊市，在该考察区间内，市场有着不同的表现，据此考察私募基金的业绩表现能够使结果更加客观和全面。

二是2013年之前出现的私募基金不仅数量较少，由于法律法规尚不完善等原因，存在数据披露不完全、数据缺失的情况，这就为后续数据整理和分析工作带来客观困难。2015年之后，关于私募基金的法律法规逐步完善，所披露出的数据较为完整，并且现有文献的研究对象大多只针对2014年之前私募基金的业绩表现。因此本书选取的业绩考察区间既能够提供足够完整的数据样本，又考虑到私募基金行业的时效性，为实务界提供有益参考。

按照以上原则，本书选择了78只私募基金作为研究样本，证券代码、基金名称、基金管理公司、基金成立日期及基金投资经理如表5-1所示。

表5-1 私募样本基本信息

证券代码	基金名称	基金管理公司	成立日期	投资经理
73094387	长江稳健	上海天井投资管理有限公司	2006-04-18	刘红海
73060197	泽泉福虹财富	广东泽泉投资管理有限公司	2014-06-13	辛宇
73054683	鸿蕴1期（通晟）B	上海通晟资产管理有限公司	2014-01-27	高燕声
73054088	上善若水3期	深圳市上善若水投资合伙企业（有限合伙）	2014-03-06	侯安扬
73051304	赤子之心价值	深圳市赤子之心资产管理有限公司	2014-01-22	赵丹阳
73047491	康曼德001号	深圳市康曼德资本管理有限公司	2013-11-18	丁楹
73047152	裕晋五期	深圳市裕晋投资有限公司	2013-12-16	万桦
73044913	金蕴28期	北京神农投资管理有限公司	2013-01-28	陈宇
73044900	久富2期	北京久富投资管理有限公司	2013-09-18	姜任飞
73044323	森瑞独立景气	深圳市森瑞投资有限公司	2013-08-19	林存
73044290	金蕴38号（上善若水4期）	深圳市上善若水资产管理有限公司	2013-08-13	侯安扬
73040419	映雪霜雪2期	上海映雪投资管理中心（有限合伙）	2013-05-29	郑宇
73040025	映雪霜雪1期	上海映雪投资管理中心（有限合伙）	2012-12-03	郑宇

续表

证券代码	基金名称	基金管理公司	成立日期	投资经理
73039258	翼虎成长 1 期	深圳市翼虎投资管理有限公司	2013-04-23	余定恒
73037504	惠正成长	广东惠正投资管理有限公司	2013-02-06	江作良
73035542	银石 2 期	广东银石投资有限公司	2012-12-20	丘海云
73016017	金蕴 16 期（银杏投资）	深圳市盈信瑞峰投资管理企业（有限合伙）	2012-08-01	张峰
73014564	悟空同创量化 1 期	深圳悟空投资管理有限公司	2012-06-07	鲍际刚
73014138	鼎萨 1 期	北京鼎萨投资有限公司	2012-06-11	彭旭
73011272	投资精英之长青藤（B 类）	深圳市长青藤资产管理有限公司	2011-01-30	潘海峰
73010437	投资精英之展博（B 类）	展博投资管理有限公司	2011-09-28	陈锋
73010142	投资精英之展博（A 类）	展博投资管理有限公司	2011-09-28	陈锋
73008806	融金 34 号（久富一期）	北京久富投资管理有限公司	2011-05-10	姜任飞、杜运志
73007479	蕴泽 1 号	西藏信托有限公司	2011-01-06	王晶、陶骛
73006648	投资精英之长青藤（A 类）	深圳市长青藤资产管理有限公司	2011-01-30	潘海峰
73006502	瑞天 5 期	广东瑞天投资管理有限公司	2011-01-30	李鹏
73006425	展博精选 A 号	展博投资管理有限公司	2010-12-29	陈锋
73005973	沃胜 1 期	上海沃胜资产管理有限公司	2010-12-02	魏延军
73005757	翼虎成长 2 期	深圳市翼虎投资管理有限公司	2010-11-19	余定恒
73005438	龙腾 3 期	深圳龙腾资产管理有限公司	2010-11-20	吴险峰
73004919	鸿道 1 期精英 1 号	北京鸿道投资管理有限责任公司	2010-08-09	孙建冬
73004869	神农 1 期	北京神农投资管理有限公司	2010-07-28	陈宇
73004528	福麟3号(智诚4期)	智诚海威投资有限公司	2010-06-11	张弩
73004282	奕金安 2 期	深圳市奕金安投资管理有限公司	2010-04-16	靳奕
73004262	鼎锋 2 期	上海鼎锋资产管理有限公司	2010-04-30	张高

续表

证券代码	基金名称	基金管理公司	成立日期	投资经理
73004067	鸿道 1 期	北京鸿道投资管理有限责任公司	2010-04-08	孙建冬
73004050	和聚 2 期	北京和聚投资管理有限公司	2010-03-18	李泽刚
73003834	源乐晟 2 期	北京源乐晟资产管理有限公司	2010-01-28	曾晓洁
73003547	彤源 2 号	上海彤源投资发展有限公司	2009-10-30	任云鹤
73003545	金百镕 1 期	北京金百镕投资管理有限公司	2009-11-13	周枫
73003380	远策 1 期	远策投资管理有限公司	2009-09-29	张益驰
73003379	远策 2 期	远策投资管理有限公司	2009-09-29	张益驰
73003087	林园证券投资	深圳市林园投资管理有限责任公司	2007-02-28	林园
73002992	和聚 1 期	北京和聚投资管理有限公司	2009-07-14	李泽刚
73002958	同威 3 期	深圳市同威投资管理有限公司	2009-07-30	李驰
73002761	汇利优选 2 期	上海汇利资产管理有限公司	2009-03-20	何震
73002744	长金 4 号	广州长金投资管理有限公司	2009-06-23	郑晓军
73002742	明曜精选 1 期（原合赢精选 1 期）	深圳市明曜投资管理有限公司	2009-06-19	曾昭雄
73002714	慧安 1 号	杭州慧安投资管理有限公司	2009-05-19	沈一慧
73002680	智诚 2 期	智诚海威投资有限公司	2009-06-12	冷国邦、张弩
73002480	从容成长 1 期	上海从容投资管理有限公司	2009-04-08	吕俊
73001823	证大稳健增长	上海证大投资管理有限公司	2008-05-23	姜榕、刘兵
73001703	乐晟股票精选	北京源乐晟资产管理有限公司	2008-07-08	曾晓洁
73001625	重阳 2 期	上海重阳投资管理有限公司	2008-12-12	裘国根
73001618	重阳 1 期	上海重阳投资管理有限公司	2008-09-05	裘国根
73001588	京福 1 号	京福资产管理有限公司	2008-09-26	陈山
73001538	陕国投·朱雀 1 期	上海朱雀投资发展中心（有限合伙）	2008-12-17	张延鹏
73001502	鼎锋成长一期	上海鼎锋资产管理有限公司	2008-11-04	张高

续表

证券代码	基金名称	基金管理公司	成立日期	投资经理
73001491	中欧瑞博 1 期	深圳市中欧瑞博投资管理股份有限公司	2008-12-01	吴伟志
73001467	金中和 1 期	深圳市金中和投资管理有限公司	2008-11-03	刘国平
73001456	博颐精选 2 期	上海博颐资产管理中心（普通合伙）	2008-10-21	徐大成
73001301	汇利优选	上海汇利资产管理有限公司	2008-07-18	何震
73001298	尚雅 5 期	上海尚雅投资管理有限公司	2009-04-23	石波、常昊
73001264	中融智德持续增长	上海智德投资管理有限公司	2008-06-20	伍军
73001254	武当 3 期	深圳市武当资产管理有限公司	2008-06-06	田荣华
73001224	淡水泉 2008	淡水泉（北京）投资管理有限公司	2008-02-05	赵军
73001163	中欧瑞博成长策略一期	深圳市中欧瑞博投资管理股份有限公司	2008-01-25	吴伟志
73001151	从容优势一期	上海从容投资管理有限公司	2008-04-08	吕俊
73001060	尚雅 4 期	上海尚雅投资管理有限公司	2008-02-18	石波、常昊
73000923	尚雅 3 期	上海尚雅投资管理有限公司	2007-12-03	石波、常昊
73000561	武当 1 期	深圳市武当资产管理有限公司	2007-11-12	田荣华、肖志虎、王羽
73000560	尚雅 1 期	上海尚雅投资管理有限公司	2007-11-20	石波、常昊
73000392	睿信 3 期	上海睿信投资管理有限公司	2007-06-15	李振宁
73000390	林园 2 期	深圳市林园投资管理有限责任公司	2007-09-17	林园
73000389	深国投・朱雀 1 期	上海朱雀投资发展中心（有限合伙）	2007-09-17	李华轮
73000385	淡水泉成长一期	淡水泉（北京）投资管理有限公司	2007-09-06	赵军

续表

证券代码	基金名称	基金管理公司	成立日期	投资经理
73000289	星石 2 期	北京市星石投资管理有限公司	2007-07-30	江晖
73000265	星石 1 期	北京市星石投资管理有限公司	2007-07-30	江晖

5.2 无风险利率的确定

（1）无风险利率概念的界定。

无风险利率是指将资金投资于某一项没有任何风险的投资对象所能获得的收益率。它是一种理想化概念，MM 理论指出，在现实中并不会长期稳定地存在这种收益率，无风险利率只存在于市场失灵情况下的无风险套利机会中。

无风险利率在金融市场中具有重要的价值，它是金融资产定价的基础，是无套利均衡定价中远期定价与期权定价的重要参数，同时也是若干基金评价指标的重要参数。

（2）现有无风险利率。

现有无风险利率的确定方法分为两大类——定性分析方法与定量分析方法。定性分析方法指的是寻找现有某种利率代替无风险利率；定量分析方法指的是利用模型和数学工具建立理论上风险为零的收益率。

定性分析方法主要采取银行存贷款利率、国债利率、银行同业拆借利率、银行间债券回购利率替代无风险利率，如国外金融机构通常选择信用级别较高的银行同业间信贷产品作为无风险资产。利用低风险资产的收益率替代无风险利率是目前国内外学术界研究最为充分和常见的做法。其局限性在于：真正的无风险资产是不存在的，利用低风险资产替代的近似处理所造成的误差也是显而易见的。

另一种方法是定量分析方法，目前尚停留在探索阶段。国内外各种新的定量分析方法被不断提出，虽然这些方法具有一定的创新性，但这些方法均未得到实践检验，也未受到广泛认可，因此本书选择定性分析的方法确定无风险利率。

（3）现有方法评述及无风险利率的选择。

综合分析现有各种替代方案，本书选择用债券回购利率替代无风险利率。

利用存款利率代替无风险利率的方法曾经被许多学者使用，因为我国是储蓄率高的国家，采用这一指标符合主体参与程度强（市场的整体性）的特性。然而，这一做法近些年很少再被学者采用，一方面，由于央行不断调低基准存款利率；另一方面，对私募市场来说，专业的基金管理团队使一定风险下的高收益率成为可能。由于无风险收益率是由市场整体决定的，私募市场的高收益率这一重要的市场特征自然也应当被考虑作为否定极低的存款利率的理由。

国债收益率是一种应用最为广泛的无风险利率替代者。国债被公认为是最安全的投资工具，美国的证券从业者通常将三月期政府债券的年收益率作为无风险利率的替代者，实际应用效果良好，但是这一做法在国内的可行性仍有待观察。由于制度建构不同，中美两国金融市场存在较大差异。在中国，债券市场的投资主体主要分为三部分，分别是银行间债券市场、交易所债券市场、凭证式国债市场，发行对象也被区分为个人投资对象、银行间会员、国有商业银行及社保机构。不同投资主体被三大市场分割开来，而不同种国债利率又有较大差异，因此国债交易利率水平的代表性是值得怀疑的。国债并非毫无风险，在购买力、再投资方面，国债存在着不可忽视的风险。

银行间拆借利率是指银行在保证自身资金流动性的前提下，为加速资金流转而进行的同业间拆借资金利率，它可以反映一定的金融商品收益率，但从根本上讲，它隐含了一种银行自身的经营风险在内。在现阶段国有商业银行、民营银行、股份制银行和外资银行并存的情况下，拆借利率由大家共同决定，而银行的风险管理能力各不相同，将拆借利率当成无风险利率是不合适的。

债券回购利率指的是投资者在卖出债券时，约定将来某个时刻以约定的价格购回该债券，以获得资金上融通的利率。银行间债券回购市场不同期限的利率水平变动有较高的同步性，回购利率也相对稳定，反映了银行间债券回购市场较强的流动性，符合一般选择无风险利率的流动性高的要求。此外，银行间债券回购市场是央行公开市场操作的重要市场，是央行传导国家货币政策的重要渠道。它保证了国债回购利率同国家经济发展状况及其他金融资产收益的同步和相关。因此，银行间债券回购利率具有无风险利率的大部分特性，目前国内很多专家学者在进行金融分析时以银行间债券回购利率代替无风险利率。而且，由于股票一、二级市场存在较大差价，认购新股的收益（资金通融的利率）远远高于社会平均收益，操作投机性较强，这也符合私募市场收益率较高、收益波动幅度大的市场特征。

综上所述，本书选取银行间债券回购利率替代无风险利率。具体操作为：将存款类机构（即银行间）质押式回购中 7 天品种的日利率加权计算，最终得出无风险利率，如表 5-2 所示。

表 5-2　无风险利率

时间	无风险利率 /%
2017-07	2.81
2017-06	2.93
2017-05	2.94
2017-04	2.79
2017-03	2.76
2017-02	2.63
2017-01	2.46
2016-12	2.53
2016-11	2.47

续表

时间	无风险利率 /%
2016-10	2.44
2016-09	2.41
2016-08	2.33
2016-07	2.32
2016-06	2.32
2016-05	2.31
2016-04	2.34
2016-03	2.30
2016-02	2.33
2016-01	2.32
2015-12	2.35
2015-11	2.30
2015-10	2.36
2015-09	2.38
2015-08	2.45
2015-07	2.52
2015-06	2.34
2015-05	2.06
2015-04	2.85
2015-03	4.41
2015-02	4.60
2015-01	3.95
2014-12	4.26
2014-11	3.25
2014-10	3.07
2014-09	3.26
2014-08	3.49
2014-07	3.85
2014-06	3.31

5.3 市场基准收益率和超额收益率的确定

当前基于资本资产定价模型（CAPM）的参数回归方法仍为基金业绩评价主流，尽管学术界自 20 世纪 80 年代以来便对资本资产定价模型产生怀疑，并对市场基准组合的有效性提出质疑，肖奎喜（2004）在研究中发现不同的市场基准组合对基金的评价结果有较大的影响。但在学术界发展趋势并不明朗的情况下，本书倾向于认为 CAPM 模型是有效的。

我国的沪深两市指数是分别计算的，单独采用其指数不能完整有效地描述出市场的运行状况。根据私募基金混合投资的特点，涵盖沪深两市及国债的混合型指标更适合作为市场基准组合收益率。而根据国务院下发的《证券投资基金管理暂行办法》，证券投资基金投资于国债或者金融债的比例不得低于 20%，股票所占比例不得高于 80%。因此本书采取学术界较为常用的上证综指收益率与深证成指收益率各占 40%，中国国债月收益率占 20% 的比例确定市场收益率，其计算公式如下：

$$R_m = 0.4 \times R_{sh} + 0.4 \times R_{sz} + 0.2 \times R_{gz}$$

其中：R_m 为市场基准组合月度收益率；R_{sh} 为上证综指月收益率，以每月最后一个交易日收盘价计算；R_{sz} 为深证成指月收益率，以每月最后一个交易日收盘价计算；R_{gz} 为国债月收益率。

考察期内市场基准组合收益率，如表 5-3 所示。

表 5-3　场基准组合收益率

时间	市场基准组合收益率 /%
2017-07	0.63
2017-06	6.38
2017-05	–0.25
2017-04	3.91
2017-03	1.72
2017-02	8.16

续表

时间	市场基准组合收益率 /%
2017-01	17.22
2016-12	0.24
2016-11	3.47
2016-10	10.10
2016-09	12.49
2016-08	5.03
2016-07	−7.25
2016-06	−11.18
2016-05	−10.87
2016-04	−4.01
2016-03	10.58
2016-02	2.47
2016-01	3.20
2015-12	−19.29
2015-11	−2.06
2015-10	10.70
2015-09	−2.05
2015-08	−0.20
2015-07	1.50
2015-06	0.09
2015-05	3.11
2015-04	−1.73
2015-03	1.82
2015-02	3.10
2015-01	−4.81
2014-12	0.25
2014-11	2.42
2014-10	−0.07
2014-09	−1.56

续表

时间	市场基准组合收益率 /%
2014-08	-1.90
2014-07	3.69
2014-06	0.63

在确定了市场基准收益率后，便可以结合样本基金的收益率计算出样本基金的月度超额收益率，其计算公式如下：

$$R_{ex}=R_p-R_m$$

其中：R_{ex} 为样本基金超额月度收益率；R_p 为样本基金月度收益率；R_m 为市场基准组合月度收益率。

5.4 私募基金业绩单项指标实证分析

本书利用 Matlab 完成了以下实证研究，实证结果如下。

5.4.1 收益率标准差与风险系数 β 业绩评价指标实证结果分析

（1）牛市（2014 年 5 月至 2015 年 6 月）表现（以指标升序排列）。

表 5-4 为私募基金样本风险水平（牛市）。

表 5-4 私募基金样本风险水平（牛市）

基金名称	收益率标准差	私募基金名称	风险系数
远策 2 期	3.4242	重阳 2 期	(0.8825)
金百镕 1 期	3.9490	重阳 1 期	(0.7428)
悟空同创量化 1 期	4.2520	尚雅 1 期	(0.5893)
远策 1 期	4.5218	泽泉福虹财富	(0.4389)
和聚 2 期	4.5550	博颐精选 2 期	(0.1210)
长江稳健	4.7033	尚雅 3 期	(0.0606)
中欧瑞博 1 期	4.7629	上善若水 3 期	0.0204

续表

基金名称	收益率标准差	私募基金名称	风险系数
金蕴 28 期	4.9244	裕晋五期	0.0444
中欧瑞博成长策略一期	4.9726	林园 2 期	0.0510
鸿蕴 1 期（通晟）B	4.9783	京福 1 号	0.0859
淡水泉成长一期	5.1606	陕国投・朱雀 1 期	0.0964
林园 2 期	5.3500	映雪霜雪 2 期	0.1011
睿信 3 期	5.8726	和聚 1 期	0.1379
林园证券投资	5.9260	和聚 2 期	0.1506
翼虎成长 1 期	6.2439	金蕴 38 号（上善若水 4 期）	0.1549
翼虎成长 2 期	6.2961	深国投・朱雀 1 期	0.1786
金蕴 16 期（银杏投资）	6.3116	瑞天 5 期	0.2038
神农 1 期	6.4361	展博精选 A 号	0.2096
鸿道 1 期	6.5443	鼎萨 1 期	0.2119
鸿道 1 期精英 1 号	6.5588	映雪霜雪 1 期	0.2221
映雪霜雪 1 期	6.5934	金百镕 1 期	0.2553
投资精英之长青藤（B 类）	6.6555	金蕴 28 期	0.2813
投资精英之长青藤（A 类）	6.6593	神农 1 期	0.2837
赤子之心价值	6.7138	融金 34 号（久富一期）	0.2953
上善若水 3 期	6.7670	鸿道 1 期精英 1 号	0.3055
淡水泉 2008	6.9013	鸿道 1 期	0.3111
福麟 3 号（智诚 4 期）	6.9293	鼎锋 2 期	0.3401
瑞天 5 期	6.9829	鸿蕴 1 期（通晟）B	0.3520
鼎锋 2 期	7.1110	远策 2 期	0.3701
泽泉福虹财富	7.1165	中欧瑞博 1 期	0.3747
博颐精选 2 期	7.1332	远策 1 期	0.3792
金蕴 38 号（上善若水 4 期）	7.1729	源乐晟 2 期	0.3892
星石 2 期	7.2212	久富 2 期	0.3918
武当 3 期	7.2472	汇利优选	0.4079
星石 1 期	7.2982	乐晟股票精选	0.4117

续表

基金名称	收益率标准差	私募基金名称	风险系数
鼎锋成长一期	7.3976	鼎锋成长一期	0.4249
重阳 1 期	7.5402	中欧瑞博成长策略一期	0.4259
陕国投 · 朱雀 1 期	7.8646	汇利优选 2 期	0.4300
裕晋五期	7.9698	从容成长 1 期	0.4381
京福 1 号	8.0482	投资精英之展博（B 类）	0.4561
映雪霜雪 2 期	8.1209	投资精英之展博（A 类）	0.4561
重阳 2 期	8.2364	从容优势一期	0.4826
银石 2 期	8.3309	睿信 3 期	0.5076
深国投 · 朱雀 1 期	8.3549	沃胜 1 期	0.5328
从容成长 1 期	8.4875	长江稳健	0.5391
彤源 2 号	8.6105	星石 2 期	0.5448
奕金安 2 期	8.8823	星石 1 期	0.5483
长金 4 号	8.9305	悟空同创量化 1 期	0.5519
武当 1 期	9.0250	淡水泉成长一期	0.5587
中融智德持续增长	9.0972	银石 2 期	0.5640
证大稳健增长	9.2628	林园证券投资	0.6287
和聚 1 期	9.3901	翼虎成长 2 期	0.6373
投资精英之展博（B 类）	9.5181	翼虎成长 1 期	0.6545
投资精英之展博（A 类）	9.5194	智诚 2 期	0.6840
展博精选 A 号	9.6685	慧安 1 号	0.6958
康曼德 001 号	10.0078	武当 3 期	0.6961
智诚 2 期	10.0356	淡水泉 2008	0.7137
尚雅 3 期	10.1019	武当 1 期	0.7556
尚雅 1 期	10.2933	中融智德持续增长	0.7884
沃胜 1 期	10.5288	福麟 3 号（智诚 4 期）	0.8492
从容优势一期	10.5623	金蕴 16 期（银杏投资）	0.8501
汇利优选 2 期	10.5660	长金 4 号	0.8863
融金 34 号（久富一期）	10.5870	康曼德 001 号	0.8885
汇利优选	10.5879	彤源 2 号	0.9102

续表

基金名称	收益率标准差	私募基金名称	风险系数
乐晟股票精选	10.6253	赤子之心价值	0.9134
源乐晟 2 期	10.7686	投资精英之长青藤（B 类）	0.9720
鼎萨 1 期	10.7780	投资精英之长青藤（A 类）	0.9725
久富 2 期	11.1073	龙腾 3 期	1.0265
同威 3 期	11.5535	证大稳健增长	1.1704
慧安 1 号	11.5851	金中和 1 期	1.1730
明曜精选 1 期（原合赢精选 1 期）	11.6825	尚雅 5 期	1.2384
尚雅 5 期	14.3623	明曜精选 1 期（原合赢精选 1 期）	1.3165
金中和 1 期	14.8412	奕金安 2 期	1.3381
龙腾 3 期	15.5571	森瑞独立景气	1.4206
蕴泽 1 号	17.0439	尚雅 4 期	1.4852
尚雅 4 期	17.3252	同威 3 期	1.6421
惠正成长	19.2180	惠正成长	1.9212
森瑞独立景气	19.9886	蕴泽 1 号	1.9556

（2）熊市（2015 年 7 月至 2016 年 2 月）表现（以指标升序排列）。

表 5-5 为私募基金样本风险水平（熊市）。

表 5-5　私募基金样本风险水平（熊市）

基金名称	收益率标准差	基金名称	风险系数
泽泉福虹财富	1.1135	康曼德 001 号	(0.1070)
金蕴 28 期	3.3775	和聚 2 期	(0.0263)
金百镕 1 期	3.6679	尚雅 4 期	0.0376
长江稳健	3.9317	泽泉福虹财富	0.0602
翼虎成长 1 期	3.9370	智诚 2 期	0.2029
悟空同创量化 1 期	4.1177	赤子之心价值	0.2047
神农 1 期	4.1868	金百镕 1 期	0.2256

续表

基金名称	收益率标准差	基金名称	风险系数
上善若水 3 期	4.2605	神农 1 期	0.2406
金蕴 38 号（上善若水 4 期）	4.5057	金蕴 28 期	0.2526
和聚 2 期	4.6853	翼虎成长 1 期	0.2715
翼虎成长 2 期	5.4332	尚雅 5 期	0.2821
中欧瑞博成长策略一期	5.6468	长江稳健	0.3203
同威 3 期	5.7197	龙腾 3 期	0.3230
赤子之心价值	5.8137	尚雅 3 期	0.3243
慧安 1 号	6.0232	尚雅 1 期	0.3246
中欧瑞博 1 期	6.1009	慧安 1 号	0.3595
智诚 2 期	6.3494	翼虎成长 2 期	0.3693
林园证券投资	6.5274	金蕴 38 号（上善若水 4 期）	0.3799
远策 1 期	6.6573	上善若水 3 期	0.3942
重阳 2 期	6.6928	悟空同创量化 1 期	0.3946
久富 2 期	6.9791	裕晋五期	0.4930
远策 2 期	7.0890	久富 2 期	0.4935
融金 34 号（久富一期）	7.2823	金中和 1 期	0.5006
康曼德 001 号	7.3473	融金 34 号（久富一期）	0.5162
裕晋五期	7.4464	同威 3 期	0.5353
从容优势一期	7.5256	中欧瑞博 1 期	0.5589
金中和 1 期	7.5771	中欧瑞博成长策略一期	0.5639
从容成长 1 期	7.5902	重阳 2 期	0.5803
乐晟股票精选	7.6469	中融智德持续增长	0.5987
金蕴 16 期（银杏投资）	7.8283	林园证券投资	0.6036
惠正成长	7.8499	森瑞独立景气	0.6060
中融智德持续增长	7.9489	蕴泽 1 号	0.6130
源乐晟 2 期	7.9714	福麟 3 号（智诚 4 期）	0.6192
森瑞独立景气	8.0794	远策 1 期	0.6556
重阳 1 期	8.8239	远策 2 期	0.7012

续表

基金名称	收益率标准差	基金名称	风险系数
鸿道 1 期	8.8883	从容成长 1 期	0.7145
鸿道 1 期精英 1 号	8.9073	展博精选 A 号	0.7196
睿信 3 期	9.1592	惠正成长	0.7197
蕴泽 1 号	9.2439	从容优势一期	0.7429
奕金安 2 期	9.2759	乐晟股票精选	0.7590
和聚 1 期	9.4366	林园 2 期	0.7703
鸿蕴 1 期（通晟）B	9.5758	金蕴 16 期（银杏投资）	0.7721
明曜精选 1 期（原合赢精选 1 期）	9.5786	奕金安 2 期	0.7885
淡水泉 2008	9.8508	源乐晟 2 期	0.7895
投资精英之展博（A 类）	9.8563	投资精英之展博（A 类）	0.7902
投资精英之展博（B 类）	9.8583	投资精英之展博（B 类）	0.7903
尚雅 5 期	9.8623	鸿道 1 期	0.7977
投资精英之长青藤（B 类）	9.9946	重阳 1 期	0.7981
投资精英之长青藤（A 类）	9.9955	鸿道 1 期精英 1 号	0.8008
鼎锋成长一期	10.1321	鸿蕴 1 期（通晟）B	0.8014
博颐精选 2 期	10.1569	和聚 1 期	0.8198
展博精选 A 号	10.1837	深国投・朱雀 1 期	0.8429
淡水泉成长一期	10.1972	博颐精选 2 期	0.8456
林园 2 期	10.5014	睿信 3 期	0.8613
龙腾 3 期	10.6412	陕国投・朱雀 1 期	0.8802
鼎锋 2 期	10.8817	瑞天 5 期	0.9092
深国投・朱雀 1 期	11.2397	明曜精选 1 期（原合赢精选 1 期）	0.9462
京福 1 号	11.3348	沃胜 1 期	0.9529
汇利优选	11.3664	淡水泉 2008	0.9627
映雪霜雪 2 期	11.3855	武当 1 期	0.9659
星石 2 期	11.4254	投资精英之长青藤（B 类）	0.9889
武当 1 期	11.5159	投资精英之长青藤（A 类）	0.9890

续表

基金名称	收益率标准差	基金名称	风险系数
福麟 3 号（智诚 4 期）	11.5197	鼎锋成长一期	0.9922
沃胜 1 期	11.5905	武当 3 期	0.9933
星石 1 期	11.6162	淡水泉成长一期	1.0328
武当 3 期	11.6390	星石 2 期	1.0371
陕国投 · 朱雀 1 期	11.6843	星石 1 期	1.0539
汇利优选 2 期	12.2279	鼎锋 2 期	1.0578
瑞天 5 期	12.2680	映雪霜雪 2 期	1.0944
映雪霜雪 1 期	12.6727	京福 1 号	1.1248
尚雅 3 期	13.4831	汇利优选	1.1307
彤源 2 号	13.5609	映雪霜雪 1 期	1.1791
尚雅 1 期	13.8864	汇利优选 2 期	1.2119
银石 2 期	14.5395	银石 2 期	1.2122
尚雅 4 期	15.9457	彤源 2 号	1.2976
鼎萨 1 期	16.1196	鼎萨 1 期	1.5027
长金 4 号	16.6451	长金 4 号	1.5732
证大稳健增长	21.3164	证大稳健增长	1.9602

（3）震荡期（2016 年 3 月至 2017 年 7 月）表现（以指标升序排列）。

表 5-6 为私募基金样本风险水平（震荡期）。

表 5-6 私募基金样本风险水平（震荡期）

基金名称	收益率标准差	基金名称	风险系数
投资精英之展博（A 类）	1.4024	从容成长 1 期	(0.2448)
投资精英之展博（B 类）	1.4036	尚雅 3 期	(0.1636)
沃胜 1 期	1.7634	尚雅 1 期	(0.1613)
中欧瑞博 1 期	1.7637	武当 3 期	(0.1608)
中欧瑞博成长策略一期	1.9428	龙腾 3 期	(0.1577)
裕晋五期	2.0396	智诚 2 期	(0.1144)

续表

基金名称	收益率标准差	基金名称	风险系数
康曼德 001 号	2.1591	裕晋五期	(0.0943)
慧安 1 号	2.2062	赤子之心价值	(0.0931)
远策 1 期	2.2916	康曼德 001 号	(0.0531)
翼虎成长 2 期	2.4162	陕国投・朱雀 1 期	(0.0207)
翼虎成长 1 期	2.4175	重阳 2 期	(0.0072)
远策 2 期	2.4445	重阳 1 期	0.0101
金百镕 1 期	2.4950	久富 2 期	0.0300
长江稳健	2.5127	中欧瑞博 1 期	0.0521
同威 3 期	2.6283	深国投・朱雀 1 期	0.0628
久富 2 期	2.6345	沃胜 1 期	0.0657
惠正成长	2.6891	和聚 2 期	0.0694
展博精选 A 号	2.6953	乐晟股票精选	0.0892
星石 1 期	2.7130	源乐晟 2 期	0.1236
星石 2 期	2.7377	悟空同创量化 1 期	0.2214
从容优势一期	2.7670	武当 1 期	0.2222
金蕴 28 期	2.7794	星石 2 期	0.2244
明曜精选 1 期（原合赢精选 1 期）	2.8439	星石 1 期	0.2249
悟空同创量化 1 期	2.8493	翼虎成长 2 期	0.2385
从容成长 1 期	2.8692	慧安 1 号	0.2584
神农 1 期	2.9509	翼虎成长 1 期	0.2680
龙腾 3 期	2.9615	彤源 2 号	0.2714
鸿道 1 期	3.0096	中欧瑞博成长策略一期	0.3006
融金 34 号（久富一期）	3.0169	投资精英之展博（A 类）	0.3087
鸿道 1 期精英 1 号	3.0704	投资精英之展博（B 类）	0.3089
林园证券投资	3.0777	鸿蕴 1 期（通晟）B	0.3115
重阳 2 期	3.0940	鸿道 1 期	0.3183
重阳 1 期	3.1421	鸿道 1 期精英 1 号	0.3350
鼎锋 2 期	3.3429	长江稳健	0.3521

续表

基金名称	收益率标准差	基金名称	风险系数
陕国投·朱雀 1 期	3.3847	融金 34 号（久富一期）	0.3524
乐晟股票精选	3.3975	林园 2 期	0.3536
深国投·朱雀 1 期	3.4083	展博精选 A 号	0.3627
鼎锋成长一期	3.4237	从容优势一期	0.3706
泽泉福虹财富	3.4577	惠正成长	0.3832
上善若水 3 期	3.4670	林园证券投资	0.3900
森瑞独立景气	3.5484	泽泉福虹财富	0.3994
金中和 1 期	3.5580	博颐精选 2 期	0.4023
金蕴 16 期（银杏投资）	3.5707	同威 3 期	0.4034
瑞天 5 期	3.5907	银石 2 期	0.4254
奕金安 2 期	3.5960	长金 4 号	0.4280
尚雅 3 期	3.6537	鼎锋 2 期	0.4716
尚雅 1 期	3.6538	金百镕 1 期	0.4907
武当 1 期	3.7055	鼎锋成长一期	0.4936
尚雅 5 期	3.7291	远策 1 期	0.4965
尚雅 4 期	3.7560	神农 1 期	0.5062
淡水泉 2008	3.7765	鼎萨 1 期	0.5129
智诚 2 期	3.8115	奕金安 2 期	0.5178
源乐晟 2 期	3.8177	金中和 1 期	0.5380
淡水泉成长一期	3.8507	金蕴 28 期	0.5422
金蕴 38 号（上善若水 4 期）	3.8777	远策 2 期	0.5653
蕴泽 1 号	3.8807	淡水泉 2008	0.6296
睿信 3 期	3.9843	睿信 3 期	0.6423
福麟 3 号（智诚 4 期）	3.9877	金蕴 16 期（银杏投资）	0.6646
鸿蕴 1 期（通晟）B	3.9953	明曜精选 1 期（原合赢精选 1 期）	0.6665
鼎萨 1 期	4.0416	中融智德持续增长	0.6728
中融智德持续增长	4.2069	和聚 1 期	0.6748
映雪霜雪 2 期	4.2502	尚雅 4 期	0.6814

续表

基金名称	收益率标准差	基金名称	风险系数
和聚 1 期	4.2723	尚雅 5 期	0.6823
彤源 2 号	4.3562	上善若水 3 期	0.7229
武当 3 期	4.3899	证大稳健增长	0.7251
博颐精选 2 期	4.3961	瑞天 5 期	0.7396
投资精英之长青藤（A 类）	4.4244	森瑞独立景气	0.7457
投资精英之长青藤（B 类）	4.4258	福麟 3 号（智诚 4 期）	0.8150
赤子之心价值	4.6470	映雪霜雪 2 期	0.8175
林园 2 期	4.6622	淡水泉成长一期	0.8763
证大稳健增长	4.6893	金蕴 38 号（上善若水 4 期）	0.8950
和聚 2 期	4.8576	蕴泽 1 号	0.9396
映雪霜雪 1 期	4.9323	映雪霜雪 1 期	0.9533
汇利优选 2 期	5.6861	投资精英之长青藤（A 类）	1.0041
汇利优选	5.9480	投资精英之长青藤（B 类）	1.0042
银石 2 期	6.2443	汇利优选 2 期	1.3127
长金 4 号	7.0262	汇利优选	1.3809
京福 1 号	7.1869	京福 1 号	1.6166

（4）整个考察期（2014 年 5 月至 2017 年 7 月）表现（以指标升序排列）。

表 5-7 为私募基金样本风险水平（整个考察期）。

表 5-7　私募基金样本风险水平（整个考察期）

基金名称	收益率标准差	基金名称	风险系数
金百镕 1 期	3.5810	和聚 2 期	(0.0860)
长江稳健	4.0905	重阳 2 期	0.0972
金蕴 28 期	4.3965	泽泉福虹财富	0.1300
悟空同创量化 1 期	4.5146	重阳 1 期	0.2233
中欧瑞博成长策略一期	4.7427	金百镕 1 期	0.2583

续表

基金名称	收益率标准差	基金名称	风险系数
中欧瑞博 1 期	4.7648	尚雅 1 期	0.2720
远策 2 期	4.8103	康曼德 001 号	0.2930
翼虎成长 1 期	4.9866	上善若水 3 期	0.3637
和聚 2 期	5.0028	金蕴 28 期	0.4036
上善若水 3 期	5.1602	博颐精选 2 期	0.4125
远策 1 期	5.2186	神农 1 期	0.4178
神农 1 期	5.2896	金蕴 38 号（上善若水 4 期）	0.4198
翼虎成长 2 期	5.3782	长江稳健	0.4475
林园证券投资	5.4580	裕晋五期	0.4483
金蕴 38 号（上善若水 4 期）	5.5162	翼虎成长 1 期	0.4511
泽泉福虹财富	5.6877	久富 2 期	0.4534
鸿蕴 1 期（通晟）B	5.8674	融金 34 号（久富一期）	0.4706
赤子之心价值	6.0193	智诚 2 期	0.4708
重阳 2 期	6.1283	赤子之心价值	0.4851
金蕴 16 期（银杏投资）	6.1816	中欧瑞博 1 期	0.4859
重阳 1 期	6.3877	翼虎成长 2 期	0.4908
淡水泉成长一期	6.5872	尚雅 3 期	0.4931
裕晋五期	6.8107	龙腾 3 期	0.5092
康曼德 001 号	6.8157	鸿蕴 1 期（通晟）B	0.5127
淡水泉 2008	6.8420	悟空同创量化 1 期	0.5197
博颐精选 2 期	6.8452	中欧瑞博成长策略一期	0.5365
从容成长 1 期	6.9705	慧安 1 号	0.5916
鸿道 1 期	7.1368	林园 2 期	0.5924
睿信 3 期	7.1398	从容成长 1 期	0.5968
鸿道 1 期精英 1 号	7.1631	林园证券投资	0.6130
奕金安 2 期	7.2711	远策 2 期	0.6144
林园 2 期	7.2981	展博精选 A 号	0.6175
中融智德持续增长	7.3673	和聚 1 期	0.6240
融金 34 号（久富一期）	7.3935	远策 1 期	0.6246

续表

基金名称	收益率标准差	基金名称	风险系数
投资精英之展博（B 类）	7.4947	尚雅 4 期	0.6413
投资精英之展博（A 类）	7.4951	投资精英之展博（A 类）	0.6473
久富 2 期	7.5109	投资精英之展博（B 类）	0.6473
投资精英之长青藤（B 类）	7.5767	陕国投・朱雀 1 期	0.6499
鼎锋成长一期	7.5775	深国投・朱雀 1 期	0.6766
投资精英之长青藤（A 类）	7.5781	瑞天 5 期	0.6860
智诚 2 期	7.5801	从容优势一期	0.6995
鼎锋 2 期	7.6114	乐晟股票精选	0.7083
星石 2 期	7.6387	尚雅 5 期	0.7085
同威 3 期	7.6865	中融智德持续增长	0.7118
瑞天 5 期	7.7075	源乐晟 2 期	0.7124
星石 1 期	7.7240	鸿道 1 期	0.7184
武当 3 期	7.7685	鸿道 1 期精英 1 号	0.7208
福麟 3 号（智诚 4 期）	7.8525	映雪霜雪 2 期	0.7512
从容优势一期	7.8649	武当 3 期	0.7520
慧安 1 号	7.9484	金中和 1 期	0.7719
和聚 1 期	7.9643	映雪霜雪 1 期	0.7911
映雪霜雪 1 期	8.0403	金蕴 16 期（银杏投资）	0.7925
映雪霜雪 2 期	8.1782	鼎锋 2 期	0.8057
展博精选 A 号	8.2084	淡水泉 2008	0.8079
武当 1 期	8.2090	武当 1 期	0.8083
陕国投・朱雀 1 期	8.2883	福麟 3 号（智诚 4 期）	0.8120
深国投・朱雀 1 期	8.3964	鼎锋成长一期	0.8154
乐晟股票精选	8.4038	沃胜 1 期	0.8165
源乐晟 2 期	8.5455	睿信 3 期	0.8178
明曜精选 1 期（原合赢精选 1 期）	8.6923	星石 2 期	0.8189
沃胜 1 期	9.0254	星石 1 期	0.8277
京福 1 号	9.2730	淡水泉成长一期	0.8373

续表

基金名称	收益率标准差	基金名称	风险系数
汇利优选	9.4567	奕金安 2 期	0.8823
彤源 2 号	9.5552	同威 3 期	0.8888
汇利优选 2 期	9.6228	京福 1 号	0.9230
金中和 1 期	9.7161	汇利优选	0.9412
尚雅 5 期	9.8722	银石 2 期	0.9619
银石 2 期	9.9409	汇利优选 2 期	0.9802
尚雅 1 期	9.9666	鼎萨 1 期	1.0051
尚雅 3 期	10.4097	投资精英之长青藤（B 类）	1.0186
龙腾 3 期	10.4320	投资精英之长青藤（A 类）	1.0189
鼎萨 1 期	10.7597	明曜精选 1 期（原合赢精选 1 期）	1.0258
长金 4 号	10.8720	森瑞独立景气	1.0447
证大稳健增长	11.5685	彤源 2 号	1.1074
蕴泽 1 号	12.5046	长金 4 号	1.1473
尚雅 4 期	12.5253	惠正成长	1.1919
惠正成长	12.6148	证大稳健增长	1.2370
森瑞独立景气	13.0986	蕴泽 1 号	1.3119

（5）数据分析。

当市场处于牛市阶段时，远策 2 期、鸿道 1 期精英 1 号、和聚 2 期、远策 1 期等基金在两份排名中均较为靠前，说明其业绩波动比大盘小很多，受到大盘影响较小，出现这种情况的基金大多是在牛市阶段业绩表现稳定的基金。当然，这其中不仅包含持续盈利能力较强的基金，也包含那些在牛市阶段盈利能力较弱或持续亏损的基金。而蕴泽 1 号、尚雅 4 期、森瑞独立景气等基金在两份排名中均排名靠后，说明其业绩波动较大。在牛市的市场大背景下，基金业绩产生巨大波动有很多种解释，如基金管理存在一定问题、投资风格激进等都有可能导致这一现象，因此这并不足以评价基金优劣。当市场处于熊市阶段时，收益率标准差与风险系数则表现出高度的一致性。泽泉福虹财富、金百镕1期、和聚2期、神农1期等均在两种排名中的前十中出现。这些基金中有在牛市中业绩较为稳定的，也有较不稳定的，但这些基金在市场不景气的情况下都保持了稳定的业绩。而两份排名的后五名中均出现了长金4号、鼎萨1期、银石2期、证大稳健增长等基金的名字。这充分表明，这些基金在规避市场风险能力或持续盈利能力上的不足。综合震荡期与整个考察期，和聚2期、重阳2期、金百镕1期等基金都较为稳定地位居排名前列，充分说明了其业绩的稳定性。同时，排名的一致性也反映出收益率标准差与风险系数β在反映基金业绩风险方面的一致性，说明二者均能有效反映出基金业绩的波动情况。

（6）小结。

综合来看，两个指标对于波动的反应并不完全一致，表现各有侧重。收益率标准差体现了基金业绩月度的绝对波动情况，而风险系数则体现了基金业绩波动相对市场基准组合业绩的波动情况，这就导致了两份排名的部分差异。

最具代表性的是尚雅1期这只私募基金，在牛市阶段的收益率标准差排名中，它排在后面，而在同时期的风险系数（β）排名上，尚雅1期却高居第三位。我们并不能通过单一指标解释这种现象，但通过结合其在同时期的收益能力指标可以发现，这只私募基金在牛市的盈利能力很强，对此排名差异提出如下解释：该基金在牛市阶段业绩表现出较强的“追涨”能力，在投机性较强的操作中常常能获得较高的超额收益，因此导致了自身收益率标准差较高。但该时期市场基准组合本身波动幅度较大，而基金本身由于管理水平较高，基金业绩受到市场基准组合波动的影响较小，保持了稳定获利的趋势，因此其风险系数较小。而在熊市阶段，市场前景并不乐观的情况下，这只基金在收益率标准差与风险系数的排名上比较靠后，说明这只基金在熊市时规避风险的能力不足。结合其在整个考察期收益率标准差与风险系数的排名靠后的表现，能看出这只基金在整个考察期内业绩波动较大，属于投资风格较为激进的，牛市追涨能力突出，收益能力较强；但规避风险能力欠佳，这就导致其无法获得稳定的收益率。

将熊市和牛市数据进行对比发现，除极个别私募基金外，大部分的收益率标准差与风险系数 β 在熊市的水平高于在牛市的水平，这表明在大盘下行的背景下，私募基金业绩波动性更大。总体来说，收益率标准差与风险系数 β 能够准确地反映出基金收益率的波动幅度和相对于大盘的波动情况。但从上面的分析也可以看出，仅仅通过收益率的波动不足以衡量一只基金的业绩水平，必须结合其他指标，才能对一只基金做出较为完整的评价。

5.4.2 平均收益率与超额收益率业绩评价指标实证结果分析

（1）牛市（2014 年 5 月至 2015 年 6 月）表现（以指标降序排列）。

表 5-8 为私募基金样本平均收益率与超额收益率（牛市）。

表 5-8 私募基金样本平均收益率与超额收益率（牛市）

私募基金名称	平均收益率	超额收益率
蕴泽 1 号	11.2568	6.1542
惠正成长	9.2911	4.1885
森瑞独立景气	9.2253	4.1227
证大稳健增长	9.0033	3.9007
乐晟股票精选	8.8661	3.7635
尚雅 3 期	8.7044	3.6018
源乐晟 2 期	8.4697	3.3671
京福 1 号	8.2646	3.1620
深国投 · 朱雀 1 期	7.3966	2.2940
映雪霜雪 2 期	7.2340	2.1314
陕国投 · 朱雀 1 期	7.0794	1.9768
展博精选 A 号	6.8862	1.7836
鼎萨 1 期	6.6493	1.5467

续表

私募基金名称	平均收益率	超额收益率
睿信 3 期	6.6412	1.5386
彤源 2 号	6.6343	1.5317
星石 1 期	6.5761	1.4735
星石 2 期	6.5192	1.4166
鼎锋 2 期	6.3197	1.2171
鼎锋成长一期	6.3196	1.2170
和聚 1 期	6.2935	1.1909
映雪霜雪 1 期	6.2450	1.1424
沃胜 1 期	6.2406	1.1380
泽泉福虹财富	6.1835	1.0809
鸿道 1 期	6.1374	1.0348
鸿道 1 期精英 1 号	6.0966	0.9940
智诚 2 期	5.9177	0.8151
林园 2 期	5.8974	0.7948
裕晋五期	5.8716	0.7690
翼虎成长 2 期	5.8663	0.7637
尚雅 1 期	5.6509	0.5483
瑞天 5 期	5.6394	0.5368
中欧瑞博 1 期	5.6071	0.5045
中欧瑞博成长策略一期	5.5199	0.4173
银石 2 期	5.4676	0.3650
长金 4 号	5.4601	0.3575
福麟 3 号（智诚 4 期）	5.4210	0.3184
悟空同创量化 1 期	5.4137	0.3111
翼虎成长 1 期	5.4017	0.2991
从容优势一期	5.4015	0.2989
龙腾 3 期	5.3058	0.2032
远策 1 期	5.3041	0.2015
奕金安 2 期	5.2954	0.1928

续表

私募基金名称	平均收益率	超额收益率
金蕴 16 期（银杏投资）	5.0932	(0.0094)
淡水泉成长一期	5.0882	(0.0144)
淡水泉 2008	5.0759	(0.0267)
汇利优选 2 期	5.0748	(0.0278)
投资精英之长青藤（B 类）	5.0717	(0.0309)
投资精英之长青藤（A 类）	5.0648	(0.0378)
从容成长 1 期	5.0018	(0.1008)
久富 2 期	4.9366	(0.1660)
融金 34 号（久富一期）	4.9047	(0.1979)
林园证券投资	4.8818	(0.2208)
投资精英之展博（B 类）	4.7884	(0.3142)
武当 1 期	4.7829	(0.3197)
投资精英之展博（A 类）	4.7820	(0.3206)
同威 3 期	4.7634	(0.3392)
慧安 1 号	4.7483	(0.3543)
明曜精选 1 期（原合赢精选 1 期）	4.7415	(0.3611)
神农 1 期	4.7143	(0.3883)
长江稳健	4.6863	(0.4163)
尚雅 4 期	4.6557	(0.4469)
汇利优选	4.6499	(0.4527)
武当 3 期	4.3273	(0.7753)
中融智德持续增长	4.2678	(0.8348)
金蕴 28 期	4.2547	(0.8479)
远策 2 期	4.2113	(0.8913)
赤子之心价值	4.0168	(1.0858)
金中和 1 期	3.9056	(1.1970)
尚雅 5 期	3.6386	(1.4640)
上善若水 3 期	3.5095	(1.5931)
金蕴 38 号（上善若水 4 期）	3.4935	(1.6091)

续表

私募基金名称	平均收益率	超额收益率
鸿蕴 1 期（通晟）B	3.4619	(1.6407)
金百镕 1 期	3.2880	(1.8146)
康曼德 001 号	3.0117	(2.0909)
重阳 1 期	2.6672	(2.4354)
重阳 2 期	2.1655	(2.9371)
博颐精选 2 期	1.7339	(3.3687)
和聚 2 期	(0.8308)	(5.9334)

（2）熊市（2015 年 7 月至 2016 年 2 月）表现（以指标降序排列）。

表 5-9 为私募基金样本平均收益率与超额收益率（熊市）。

表 5-9　私募基金样本平均收益率与超额收益率（熊市）

基金名称	平均收益率	超额收益率
证大稳健增长	6.2548	10.1494
和聚 2 期	3.7369	7.6315
金百镕 1 期	1.7785	5.6731
龙腾 3 期	1.0679	4.9625
鸿蕴 1 期（通晟）B	0.7126	4.6072
翼虎成长 2 期	0.6016	4.4962
翼虎成长 1 期	0.4934	4.3880
映雪霜雪 1 期	(0.0776)	3.8170
泽泉福虹财富	(0.3598)	3.5348
中欧瑞博 1 期	(0.3895)	3.5051
映雪霜雪 2 期	(0.5835)	3.3111
康曼德 001 号	(0.5944)	3.3002
长江稳健	(0.6059)	3.2887
尚雅 4 期	(0.7127)	3.1819
中欧瑞博成长策略一期	(0.8410)	3.0536
奕金安 2 期	(0.8855)	3.0091

续表

基金名称	平均收益率	超额收益率
久富 2 期	(0.8972)	2.9974
融金 34 号（久富一期）	(0.9093)	2.9853
和聚 1 期	(0.9709)	2.9237
上善若水 3 期	(1.3397)	2.5549
博颐精选 2 期	(1.4442)	2.4504
金蕴 38 号（上善若水 4 期）	(1.5990)	2.2956
林园证券投资	(1.7078)	2.1868
淡水泉 2008	(1.7135)	2.1811
悟空同创量化 1 期	(1.9074)	1.9872
瑞天 5 期	(1.9692)	1.9254
重阳 1 期	(2.0250)	1.8696
智诚 2 期	(2.1557)	1.7389
展博精选 A 号	(2.1717)	1.7229
投资精英之展博（B 类）	(2.2012)	1.6934
投资精英之展博（A 类）	(2.2104)	1.6842
金蕴 28 期	(2.2140)	1.6806
乐晟股票精选	(2.2538)	1.6408
金蕴 16 期（银杏投资）	(2.4384)	1.4562
淡水泉成长一期	(2.4538)	1.4408
重阳 2 期	(2.4674)	1.4272
源乐晟 2 期	(2.4922)	1.4024
赤子之心价值	(2.5523)	1.3423
神农 1 期	(2.6107)	1.2839
同威 3 期	(2.6764)	1.2182
远策 2 期	(2.7627)	1.1319
京福 1 号	(2.7965)	1.0981
远策 1 期	(2.8561)	1.0385
星石 1 期	(2.9067)	0.9879
星石 2 期	(2.9156)	0.9790

续表

基金名称	平均收益率	超额收益率
武当1期	(2.9751)	0.9195
武当3期	(3.1192)	0.7754
中融智德持续增长	(3.3216)	0.5730
鼎锋2期	(3.3815)	0.5131
森瑞独立景气	(3.4887)	0.4059
尚雅5期	(3.5252)	0.3694
林园2期	(3.6996)	0.1950
鼎锋成长一期	(3.7122)	0.1824
惠正成长	(3.7170)	0.1776
从容成长1期	(3.7301)	0.1645
金中和1期	(3.7575)	0.1371
从容优势一期	(3.7953)	0.0993
睿信3期	(3.8647)	0.0299
深国投·朱雀1期	(3.9164)	(0.0218)
陕国投·朱雀1期	(3.9176)	(0.0230)
裕晋五期	(3.9742)	(0.0796)
明曜精选1期（原合赢精选1期）	(4.1238)	(0.2292)
慧安1号	(4.1572)	(0.2626)
福麟3号（智诚4期）	(4.2602)	(0.3656)
长金4号	(4.7800)	(0.8854)
汇利优选2期	(4.8881)	(0.9935)
鸿道1期	(4.9771)	(1.0825)
汇利优选	(5.0151)	(1.1205)
鸿道1期精英1号	(5.0555)	(1.1609)
沃胜1期	(5.0896)	(1.1950)
投资精英之长青藤（B类）	(5.3097)	(1.4151)
蕴泽1号	(5.3106)	(1.4160)
投资精英之长青藤（A类）	(5.3194)	(1.4248)
鼎萨1期	(5.5075)	(1.6129)

续表

基金名称	平均收益率	超额收益率
银石 2 期	(5.8519)	(1.9573)
彤源 2 号	(6.2992)	(2.4046)
尚雅 3 期	(6.5436)	(2.6490)
尚雅 1 期	(6.8451)	(2.9505)

（3）震荡期（2016 年 3 月至 2017 年 7 月）表现（以指标降序排列）。

表 5-10 为私募基金样本平均收益率与超额收益率（震荡期）。

表 5-10 私募基金样本平均收益率与超额收益率（震荡期）

基金名称	平均收益率	超额收益率
长金 4 号	4.2977	3.3998
奕金安 2 期	3.3946	2.4967
证大稳健增长	3.2390	2.3411
林园证券投资	3.1693	2.2714
和聚 2 期	3.1178	2.2199
林园 2 期	3.0775	2.1796
金蕴 16 期（银杏投资）	2.9513	2.0534
淡水泉成长一期	2.5941	1.6962
淡水泉 2008	2.4657	1.5678
彤源 2 号	2.2220	1.3241
同威 3 期	2.1631	1.2652
赤子之心价值	2.1142	1.2163
投资精英之长青藤（B 类）	2.0622	1.1643
投资精英之长青藤（A 类）	2.0508	1.1529
汇利优选	2.0144	1.1165
中融智德持续增长	1.9902	1.0923
源乐晟 2 期	1.9610	1.0631
博颐精选 2 期	1.9545	1.0566
乐晟股票精选	1.9543	1.0564

续表

基金名称	平均收益率	超额收益率
京福1号	1.8368	0.9389
汇利优选2期	1.8293	0.9314
长江稳健	1.8239	0.9260
久富2期	1.5990	0.7011
融金34号（久富一期）	1.5024	0.6045
鼎萨1期	1.4639	0.5660
星石1期	1.4581	0.5602
重阳1期	1.4539	0.5560
星石2期	1.4403	0.5424
陕国投·朱雀1期	1.3383	0.4404
重阳2期	1.2638	0.3659
瑞天5期	1.1725	0.2746
深国投·朱雀1期	1.1366	0.2387
悟空同创量化1期	1.1128	0.2149
鸿蕴1期（通晟）B	1.0752	0.1773
裕晋五期	0.9311	0.0332
鼎锋2期	0.8242	(0.0737)
中欧瑞博成长策略一期	0.8213	(0.0766)
蕴泽1号	0.7216	(0.1763)
明曜精选1期（原合赢精选1期）	0.6780	(0.2199)
上善若水3期	0.6196	(0.2783)
远策2期	0.5976	(0.3003)
神农1期	0.5858	(0.3121)
金蕴38号（上善若水4期）	0.5770	(0.3209)
远策1期	0.5537	(0.3442)
中欧瑞博1期	0.4989	(0.3990)
鼎锋成长一期	0.4636	(0.4343)
金蕴28期	0.4492	(0.4487)
福麟3号（智诚4期）	0.3544	(0.5435)

续表

基金名称	平均收益率	超额收益率
康曼德 001 号	0.3164	(0.5815)
投资精英之展博（B 类）	0.3127	(0.5852)
映雪霜雪 1 期	0.3044	(0.5935)
投资精英之展博（A 类）	0.3025	(0.5954)
从容优势一期	0.2032	(0.6947)
从容成长 1 期	0.1916	(0.7063)
映雪霜雪 2 期	0.0861	(0.8118)
睿信 3 期	0.0746	(0.8233)
和聚 1 期	0.0384	(0.8595)
尚雅 5 期	(0.0685)	(0.9664)
尚雅 4 期	(0.0741)	(0.9720)
沃胜 1 期	(0.0787)	(0.9766)
金中和 1 期	(0.0852)	(0.9831)
惠正成长	(0.0880)	(0.9859)
展博精选 A 号	(0.1114)	(1.0093)
鸿道 1 期	(0.1379)	(1.0358)
鸿道 1 期精英 1 号	(0.1669)	(1.0648)
金百镕 1 期	(0.2929)	(1.1908)
龙腾 3 期	(0.3043)	(1.2022)
翼虎成长 2 期	(0.3349)	(1.2328)
翼虎成长 1 期	(0.3813)	(1.2792)
银石 2 期	(0.3846)	(1.2825)
尚雅 3 期	(0.4189)	(1.3168)
武当 1 期	(0.4268)	(1.3247)
森瑞独立景气	(0.4634)	(1.3613)
尚雅 1 期	(0.4899)	(1.3878)
智诚 2 期	(0.4970)	(1.3949)
武当 3 期	(0.5182)	(1.4161)
慧安 1 号	(0.5639)	(1.4618)
泽泉福虹财富	(0.9545)	(1.8524)

（4）整个考察期（2014 年 5 月至 2017 年 7 月）表现（以指标降序排列）。

表 5-11 为私募基金样本平均收益率与超额收益率（整个考察期）。

表 5-11 私募基金样本平均收益率与超额收益率（整个考察期）

基金名称	平均收益率	超额收益率
证大稳健增长	5.8306	4.5961
乐晟股票精选	3.3231	2.0886
源乐晟 2 期	3.1410	1.9065
奕金安 2 期	3.0771	1.8426
京福 1 号	2.9497	1.7152
蕴泽 1 号	2.8928	1.6583
长金 4 号	2.6679	1.4334
林园证券投资	2.6564	1.4219
林园 2 期	2.5115	1.2770
金蕴 16 期（银杏投资）	2.4676	1.2331
淡水泉 2008	2.4071	1.1726
映雪霜雪 2 期	2.3199	1.0854
淡水泉成长一期	2.3037	1.0692
长江稳健	2.2381	1.0036
惠正成长	2.2319	0.9974
映雪霜雪 1 期	2.1997	0.9652
星石 1 期	2.1941	0.9596
星石 2 期	2.1653	0.9308
久富 2 期	2.1568	0.9223
融金 34 号（久富一期）	2.1006	0.8661
深国投・朱雀 1 期	2.1004	0.8659
森瑞独立景气	2.0939	0.8594
陕国投・朱雀 1 期	2.0840	0.8495
中欧瑞博成长策略一期	2.0181	0.7836
中欧瑞博 1 期	2.0042	0.7697
瑞天 5 期	1.9633	0.7288

续表

基金名称	平均收益率	超额收益率
同威 3 期	1.9544	0.7199
翼虎成长 2 期	1.9403	0.7058
和聚 2 期	1.9392	0.7047
和聚 1 期	1.8992	0.6647
悟空同创量化 1 期	1.8753	0.6408
龙腾 3 期	1.8707	0.6362
彤源 2 号	1.7992	0.5647
鸿蕴 1 期（通晟）B	1.7902	0.5557
展博精选 A 号	1.7633	0.5288
翼虎成长 1 期	1.7408	0.5063
鼎锋 2 期	1.7214	0.4869
赤子之心价值	1.7114	0.4769
鼎萨 1 期	1.6432	0.4087
中融智德持续增长	1.5690	0.3345
泽泉福虹财富	1.5570	0.3225
裕晋五期	1.4879	0.2534
鼎锋成长一期	1.4876	0.2531
投资精英之长青藤（B 类）	1.4272	0.1927
汇利优选 2 期	1.4184	0.1839
投资精英之长青藤（A 类）	1.4176	0.1831
睿信 3 期	1.3881	0.1536
远策 1 期	1.3795	0.1450
金百镕 1 期	1.3611	0.1266
尚雅 4 期	1.3606	0.1261
汇利优选	1.3308	0.0963
智诚 2 期	1.2726	0.0381
尚雅 3 期	1.2612	0.0267
神农 1 期	1.2516	0.0171
投资精英之展博（B 类）	1.2460	0.0115

续表

基金名称	平均收益率	超额收益率
投资精英之展博（A 类）	1.2372	0.0027
上善若水 3 期	1.1475	(0.0870)
金蕴 28 期	1.1259	(0.1086)
博颐精选 2 期	1.1257	(0.1088)
重阳 1 期	1.0853	(0.1492)
金蕴 38 号（上善若水 4 期）	1.0656	(0.1689)
远策 2 期	1.0555	(0.1790)
从容优势一期	1.0474	(0.1871)
福麟 3 号（智诚 4 期）	1.0178	(0.2167)
康曼德 001 号	1.0124	(0.2221)
明曜精选 1 期（原合赢精选 1 期）	0.9654	(0.2691)
从容成长 1 期	0.9235	(0.3110)
沃胜 1 期	0.9142	(0.3203)
鸿道 1 期	0.8785	(0.3560)
鸿道 1 期精英 1 号	0.8346	(0.3999)
武当 1 期	0.7435	(0.4910)
重阳 2 期	0.7352	(0.4993)
武当 3 期	0.5189	(0.7156)
金中和 1 期	0.4290	(0.8055)
慧安 1 号	0.4083	(0.8262)
尚雅 5 期	0.3990	(0.8355)
银石 2 期	0.3512	(0.8833)
尚雅 1 期	0.1448	(1.0897)

（5）数据分析。

在平均收益率这一指标上，整体上私募基金业绩与大盘走势呈现正相关关系，大部分基金在牛市的收益能力明显好于熊市。78 只样本基金都在牛市阶段取得了正收益率的业绩，但在熊市，只有证大稳健投资、和聚 2 期、金百镕 1 期等 7 只基金获得了正收益率的业绩。在超额收益率方面，无论市场处于熊市、牛市还是震荡期，超过一半的私募基金均能跑赢大盘，这说明私募基金整个行业管理水平较高。特别是当市场处于熊市时，有58只基金都获得了超额收益率，这说明了私募基金行业良好的管理确实可以规避风险。

具体到单只基金，有几只私募基金在收益能力方面的表现十分优秀，证大稳健增长在考察期的三个阶段内均表现出超强的收益能力，其平均收益率与超额收益率均高居排名的榜首，而尚雅1期、银石2期、尚雅5期等基金超额收益能力较弱。

通过结合衡量基金风险的两种指标与衡量基金收益能力的两种指标，投资者可以大致判断出私募基金的风格特点：以证大稳健增长、金百镕1期为代表的私募基金具有较强的超额收益能力，其业绩波动虽然大，但是其收益率大多在市场基准组合之上波动，属于较为稳健的私募基金；以尚雅1期、尚雅5期等基金为代表的私募基金投资风格保守，其业绩水平较为稳定，但是其收益能力不足，在考察期内并未能跑赢市场基准组合；以银石2期为代表的私募基金收益能力不足，在考察期内不但未能跑赢市场基准组合，而且业绩波动巨大，有可能是基金管理不善造成了基金业绩水平表现不佳。

样本中不乏证大稳健增长等收益能力强的私募基金，但这些基金的业绩波动大多十分剧烈（证大稳健增长在整个考察区间内风险系数排名较低，其波动水平高于市场基准组合），这体现了私募基金行业整体高风险、高收益的特点。通过以上的数据也可以看出大多数私募基金都能获得正的超额收益率，并且相对于市场基准组合，其业绩波动也明显要小。这侧面反映出国内私募基金市场在追求收益率的同时重视规避风险、投资风格较为保守的特点。

（6）小结。

收益率与超额收益率作为一类比较原始与朴实的数据，能够直接反映出私募基金在某一个时期的盈利能力。但是，由于其时间上的局限性导致其反映出的盈利能力通常是片面的，不能反映基金业绩的波动情况。因此学界与业界经常将其与其他数据结合使用，而很少单独作为评价依据。

5.4.3 Sharpe 指数业绩评价指标实证结果分析

（1）牛市（2014 年 5 月至 2015 年 6 月）表现（以指标降序排列）。

表 5-12 为私募基金样本 Sharpe 指数（牛市）。

表 5-12 私募基金样本 Sharpe 指数（牛市）

私募基金名称	Sharpe 指数
悟空同创量化 1 期	1.2056
远策 2 期	1.1459
中欧瑞博 1 期	1.1169
远策 1 期	1.1094
睿信 3 期	1.0819
中欧瑞博成长策略一期	1.0523
林园 2 期	1.0486
京福 1 号	0.9912
证大稳健增长	0.9410
长江稳健	0.9353
淡水泉成长一期	0.9303
映雪霜雪 1 期	0.9036
鸿道 1 期	0.8939
翼虎成长 2 期	0.8861
鸿道 1 期精英 1 号	0.8857
陕国投・朱雀 1 期	0.8636
星石 2 期	0.8630
星石 1 期	0.8617
映雪霜雪 2 期	0.8554
深国投・朱雀 1 期	0.8509
鼎锋 2 期	0.8483

续表

私募基金名称	Sharpe 指数
尚雅 3 期	0.8332
泽泉福虹财富	0.8285
翼虎成长 1 期	0.8191
鼎锋成长一期	0.8154
乐晟股票精选	0.8074
金蕴 28 期	0.8056
林园证券投资	0.7753
瑞天 5 期	0.7664
金蕴 16 期（银杏投资）	0.7614
金百镕 1 期	0.7598
源乐晟 2 期	0.7598
福麟 3 号（智诚 4 期）	0.7409
彤源 2 号	0.7371
投资精英之长青藤（B 类）	0.7188
投资精英之长青藤（A 类）	0.7174
裕晋五期	0.7007
淡水泉 2008	0.6939
神农 1 期	0.6878
展博精选 A 号	0.6825
蕴泽 1 号	0.6436
和聚 1 期	0.6396
鸿蕴 1 期（通晟）B	0.6377
银石 2 期	0.6218
鼎萨 1 期	0.5903
长金 4 号	0.5792
沃胜 1 期	0.5654
奕金安 2 期	0.5638
智诚 2 期	0.5610
武当 3 期	0.5574

续表

私募基金名称	Sharpe 指数
赤子之心价值	0.5555
从容成长 1 期	0.5554
尚雅 1 期	0.5211
武当 1 期	0.4981
从容优势一期	0.4842
上善若水 3 期	0.4761
投资精英之展博（B 类）	0.4729
投资精英之展博（A 类）	0.4722
惠正成长	0.4685
汇利优选 2 期	0.4531
森瑞独立景气	0.4471
金蕴 38 号（上善若水 4 期）	0.4470
中融智德持续增长	0.4375
融金 34 号（久富一期）	0.4361
久富 2 期	0.4186
汇利优选	0.4120
同威 3 期	0.3874
慧安 1 号	0.3851
明曜精选 1 期（原合赢精选 1 期）	0.3813
龙腾 3 期	0.3226
重阳 1 期	0.3156
康曼德 001 号	0.2722
尚雅 4 期	0.2521
金中和 1 期	0.2438
尚雅 5 期	0.2333
重阳 2 期	0.2280
博颐精选 2 期	0.2028
和聚 2 期	(0.2455)

（2）熊市（2015 年 7 月至 2016 年 2 月）表现（以指标降序排列）。

表 5-13 为私募基金样本 Sharpe 指数（熊市）。

表 5-13 私募基金样本 Sharpe 指数（熊市）

基金名称	Sharpe 指数
和聚 2 期	0.7553
金百镕 1 期	0.4309
证大稳健增长	0.2841
龙腾 3 期	0.0817
翼虎成长 1 期	0.0750
翼虎成长 2 期	0.0743
鸿蕴 1 期（通晟）B	0.0537
映雪霜雪 1 期	(0.0218)
尚雅 4 期	(0.0571)
映雪霜雪 2 期	(0.0686)
中欧瑞博 1 期	(0.0963)
康曼德 001 号	(0.1079)
奕金安 2 期	(0.1168)
和聚 1 期	(0.1239)
融金 34 号（久富一期）	(0.1521)
久富 2 期	(0.1569)
博颐精选 2 期	(0.1617)
瑞天 5 期	(0.1767)
中欧瑞博成长策略一期	(0.1840)
淡水泉 2008	(0.1940)
长江稳健	(0.2045)
展博精选 A 号	(0.2327)
投资精英之展博（B 类）	(0.2434)
投资精英之展博（A 类）	(0.2444)
重阳 1 期	(0.2519)
淡水泉成长一期	(0.2600)

续表

基金名称	Sharpe 指数
京福 1 号	(0.2642)
星石 1 期	(0.2673)
星石 2 期	(0.2725)
武当 1 期	(0.2755)
武当 3 期	(0.2850)
林园证券投资	(0.2920)
长金 4 号	(0.2991)
乐晟股票精选	(0.3206)
鼎锋 2 期	(0.3290)
金蕴 16 期（银杏投资）	(0.3368)
源乐晟 2 期	(0.3375)
陕国投・朱雀 1 期	(0.3522)
鼎萨 1 期	(0.3539)
上善若水 3 期	(0.3609)
深国投・朱雀 1 期	(0.3661)
智诚 2 期	(0.3707)
林园 2 期	(0.3712)
尚雅 5 期	(0.3775)
鼎锋成长一期	(0.3859)
福麟 3 号（智诚 4 期）	(0.3870)
重阳 2 期	(0.3983)
金蕴 38 号（上善若水 4 期）	(0.3988)
汇利优选 2 期	(0.4159)
银石 2 期	(0.4161)
远策 2 期	(0.4176)
中融智德持续增长	(0.4428)
睿信 3 期	(0.4436)
明曜精选 1 期（原合赢精选 1 期）	(0.4512)
沃胜 1 期	(0.4562)

续表

基金名称	Sharpe 指数
森瑞独立景气	(0.4563)
汇利优选	(0.4586)
远策 1 期	(0.4588)
赤子之心价值	(0.4731)
彤源 2 号	(0.4791)
惠正成长	(0.4987)
尚雅 3 期	(0.5000)
泽泉福虹财富	(0.5009)
同威 3 期	(0.5026)
尚雅 1 期	(0.5072)
悟空同创量化 1 期	(0.5113)
从容成长 1 期	(0.5175)
金中和 1 期	(0.5220)
从容优势一期	(0.5306)
投资精英之长青藤（B 类）	(0.5511)
投资精英之长青藤（A 类）	(0.5520)
裕晋五期	(0.5603)
鸿道 1 期	(0.5822)
鸿道 1 期精英 1 号	(0.5898)
蕴泽 1 号	(0.5959)
神农 1 期	(0.6708)
金蕴 28 期	(0.7142)
慧安 1 号	(0.7231)

（3）震荡期（2016 年 3 月至 2017 年 7 月）表现（以指标降序排列）。

表 5-14 为私募基金样本 Sharpe 指数（震荡期）。

表 5-14 私募基金样本 Sharpe 指数（震荡期）

基金名称	Sharpe 指数
林园证券投资	0.9616
奕金安 2 期	0.8856
金蕴 16 期（银杏投资）	0.7678
同威 3 期	0.7432
证大稳健增长	0.6460
长江稳健	0.6424
淡水泉成长一期	0.6192
林园 2 期	0.6151
和聚 2 期	0.5986
淡水泉 2008	0.5973
长金 4 号	0.5818
久富 2 期	0.5273
乐晟股票精选	0.5135
彤源 2 号	0.4619
星石 1 期	0.4601
源乐晟 2 期	0.4587
星石 2 期	0.4495
融金 34 号（久富一期）	0.4285
中融智德持续增长	0.4232
投资精英之长青藤（B 类）	0.4186
投资精英之长青藤（A 类）	0.4161
赤子之心价值	0.4098
博颐精选 2 期	0.3969
重阳 1 期	0.3960
裕晋五期	0.3536
重阳 2 期	0.3406
陕国投・朱雀 1 期	0.3334
悟空同创量化 1 期	0.3169

续表

基金名称	Sharpe 指数
中欧瑞博成长策略一期	0.3147
鼎萨 1 期	0.3103
汇利优选	0.3034
汇利优选 2 期	0.2848
深国投 · 朱雀 1 期	0.2719
瑞天 5 期	0.2681
京福 1 号	0.2264
鸿蕴 1 期（通晟）B	0.2166
鼎锋 2 期	0.1838
明曜精选 1 期（原合赢精选 1 期）	0.1646
中欧瑞博 1 期	0.1639
远策 2 期	0.1587
远策 1 期	0.1501
蕴泽 1 号	0.1319
神农 1 期	0.1274
上善若水 3 期	0.1182
金蕴 38 号（上善若水 4 期）	0.0947
金蕴 28 期	0.0861
鼎锋成长一期	0.0741
投资精英之展博（B 类）	0.0733
投资精英之展博（A 类）	0.0661
康曼德 001 号	0.0494
福麟 3 号（智诚 4 期）	0.0363
映雪霜雪 1 期	0.0192
从容优势一期	(0.0024)
从容成长 1 期	(0.0064)
映雪霜雪 2 期	(0.0291)
睿信 3 期	(0.0339)
和聚 1 期	(0.0401)

续表

基金名称	Sharpe 指数
尚雅 5 期	(0.0746)
尚雅 4 期	(0.0756)
金中和 1 期	(0.0829)
银石 2 期	(0.0952)
惠正成长	(0.1108)
鸿道 1 期	(0.1155)
展博精选 A 号	(0.1192)
鸿道 1 期精英 1 号	(0.1227)
沃胜 1 期	(0.1636)
武当 3 期	(0.1658)
武当 1 期	(0.1718)
尚雅 3 期	(0.1721)
龙腾 3 期	(0.1736)
智诚 2 期	(0.1854)
森瑞独立景气	(0.1897)
尚雅 1 期	(0.1915)
金百镕 1 期	(0.2015)
翼虎成长 2 期	(0.2254)
翼虎成长 1 期	(0.2445)
泽泉福虹财富	(0.3367)
慧安 1 号	(0.3507)

（4）整个考察期（2014 年 5 月至 2017 年 7 月）表现（以指标降序排列）。

表 5-15 为私募基金样本 Sharpe 指数（整个考察期）。

表 5-15　私募基金样本 Sharpe 指数（整个考察期）

基金名称	Sharpe 指数
长江稳健	0.4902
证大稳健增长	0.4839

续表

基金名称	Sharpe 指数
林园证券投资	0.4440
奕金安 2 期	0.3911
中欧瑞博成长策略一期	0.3764
中欧瑞博 1 期	0.3717
乐晟股票精选	0.3677
悟空同创量化 1 期	0.3638
金蕴 16 期（银杏投资）	0.3615
和聚 2 期	0.3410
源乐晟 2 期	0.3403
淡水泉 2008	0.3177
翼虎成长 2 期	0.3174
金百镕 1 期	0.3150
淡水泉成长一期	0.3143
林园 2 期	0.3122
翼虎成长 1 期	0.3023
京福 1 号	0.2930
鸿蕴 1 期（通晟）B	0.2654
久富 2 期	0.2561
映雪霜雪 2 期	0.2552
星石 1 期	0.2539
星石 2 期	0.2530
融金 34 号（久富一期）	0.2526
赤子之心价值	0.2456
映雪霜雪 1 期	0.2446
泽泉福虹财富	0.2328
瑞天 5 期	0.2245
长金 4 号	0.2240
同威 3 期	0.2239
陕国投·朱雀 1 期	0.2233

续表

基金名称	Sharpe 指数
深国投·朱雀 1 期	0.2224
远策 1 期	0.2197
蕴泽 1 号	0.2127
和聚 1 期	0.2092
金蕴 28 期	0.2031
鼎锋 2 期	0.1955
神农 1 期	0.1926
展博精选 A 号	0.1864
裕晋五期	0.1842
中融智德持续增长	0.1813
上善若水 3 期	0.1772
远策 2 期	0.1710
鼎锋成长一期	0.1656
彤源 2 号	0.1639
睿信 3 期	0.1618
惠正成长	0.1585
投资精英之长青藤（B 类）	0.1576
龙腾 3 期	0.1570
投资精英之长青藤（A 类）	0.1563
金蕴 38 号（上善若水 4 期）	0.1509
森瑞独立景气	0.1421
智诚 2 期	0.1371
投资精英之展博（B 类）	0.1351
投资精英之展博（A 类）	0.1340
重阳 1 期	0.1334
鼎萨 1 期	0.1311
博颐精选 2 期	0.1304
汇利优选 2 期	0.1232
汇利优选	0.1161

续表

基金名称	Sharpe 指数
康曼德 001 号	0.1143
从容优势一期	0.1035
福麟 3 号（智诚 4 期）	0.0999
从容成长 1 期	0.0991
尚雅 3 期	0.0988
鸿道 1 期	0.0904
尚雅 4 期	0.0900
明曜精选 1 期（原合赢精选 1 期）	0.0843
鸿道 1 期精英 1 号	0.0840
重阳 2 期	0.0819
沃胜 1 期	0.0755
武当 1 期	0.0622
武当 3 期	0.0368
慧安 1 号	0.0221
金中和 1 期	0.0202
尚雅 5 期	0.0168
银石 2 期	0.0119
尚雅 1 期	(0.0089)

（5）数据分析。

Sharpe 指数所给出的排名与风险水平指标结合平均收益率的综合分析的结果具有高度一致性。具有优秀的超额收益能力的证大稳健增长与具有稳健收益能力的悟空同创量化 1 期、林园证券投资排在了整个考察期 Sharpe 指数排名的前列，而收益能力不足的尚雅 1 期、尚雅 5 期、金中和 1 期与业绩波动巨大的银石 2 期排在后四名。

（6）小结。

由于 Sharpe 指数计算收益率时进行了风险调整，即综合考虑了收益与风险两个方面，因此 Sharpe 指数能很好地反映出私募基金市场对基金某些特点的喜爱，即市场对高收益率与低风险的追求。也正是由于 Sharpe 指数这种能较好平衡私募基金的风险与收益水平的能力，其也被看作基金业绩评价的三大指标之一。三大指标中的 Treynor 指数表现出与 Sharpe 指数高度的关联性，因此本书不将 Treynor 指数纳入评价体系中。

5.4.4　Jensen 指数业绩评价指标实证结果分析

（1）牛市（2014 年 5 月至 2015 年 6 月）表现（以指标降序排列）。

表 5-16 为私募基金样本 Jensen 指数（牛市）。

表 5-16　私募基金样本 Jensen 指数（牛市）

基金名称	Jensen 指数	SSE	R^2	Adjusted-R^2
尚雅 3 期	8.7046	1125.5988	0.0014	(0.0893)
尚雅 1 期	8.1986	1016.0469	0.1341	0.0554
泽泉福虹财富	8.0215	472.7949	0.1576	0.0810
京福 1 号	7.5614	712.3220	0.0047	(0.0857)
乐晟股票精选	6.5928	1165.8900	0.0621	(0.0231)
映雪霜雪 2 期	6.4600	723.5454	0.0064	(0.0840)
陕国投・朱雀 1 期	6.3200	680.2386	0.0064	(0.0840)
源乐晟 2 期	6.3074	1207.6576	0.0539	(0.0321)
深国投・朱雀 1 期	6.2356	757.6229	0.0193	(0.0698)
重阳 2 期	6.1523	393.2418	0.4764	0.4288
重阳 1 期	5.9803	375.5443	0.4033	0.3491
展博精选 A 号	5.6022	1008.4173	0.0189	(0.0703)
林园 2 期	5.3660	316.4325	0.0037	(0.0869)
裕晋五期	5.3578	703.2197	0.0014	(0.0894)
和聚 1 期	5.3419	963.7657	0.0089	(0.0812)
鼎萨 1 期	5.3317	1260.8283	0.0162	(0.0732)
映雪霜雪 1 期	4.8911	457.3066	0.0464	(0.0402)
鼎锋 2 期	4.3993	504.1960	0.0939	0.0115
瑞天 5 期	4.3868	517.1133	0.0341	(0.0537)

续表

基金名称	Jensen 指数	SSE	R^2	Adjusted-R^2
鸿道 1 期	4.3580	427.7036	0.0925	0.0100
鸿道 1 期精英 1 号	4.3444	431.3731	0.0888	0.0059
鼎锋成长一期	3.9891	520.1485	0.1358	0.0573
睿信 3 期	3.9036	262.9022	0.3090	0.2462
星石 1 期	3.6390	449.9077	0.2341	0.1644
星石 2 期	3.5991	439.3185	0.2360	0.1666
中欧瑞博 1 期	3.5261	185.4190	0.2536	0.1858
沃胜 1 期	3.3850	1090.4894	0.1059	0.0246
远策 1 期	3.2008	159.2867	0.2885	0.2238
融金 34 号（久富一期）	3.1957	1194.6776	0.0321	(0.0559)
中欧瑞博成长策略一期	3.1905	189.1662	0.3015	0.2380
上善若水 3 期	3.1577	500.5739	0.0002	(0.0907)
神农 1 期	3.0774	418.3423	0.0785	(0.0052)
证大稳健增长	3.0685	316.7956	0.6635	0.6329
从容优势一期	2.7823	1122.2867	0.0867	0.0036
久富 2 期	2.7620	1288.1841	0.0514	(0.0349)
汇利优选 2 期	2.7386	1142.2312	0.0671	(0.0177)
金蕴 28 期	2.6330	229.5797	0.1318	0.0529
从容成长 1 期	2.6046	705.6815	0.1099	0.0290
翼虎成长 2 期	2.5175	250.1715	0.4232	0.3708
金蕴 38 号（上善若水 4 期）	2.4874	553.1320	0.0180	(0.0713)
悟空同创量化 1 期	2.4713	59.9539	0.6972	0.6697
银石 2 期	2.4682	618.2818	0.1890	0.1152
汇利优选	2.4212	1155.6167	0.0600	(0.0254)
智诚 2 期	2.3353	894.2210	0.1921	0.1186
投资精英之展博（B 类）	2.3088	902.0004	0.0945	0.0122
投资精英之展博（A 类）	2.3023	902.2417	0.0945	0.0121
远策 2 期	2.1542	66.2256	0.4808	0.4336
淡水泉成长一期	2.1204	150.0220	0.4840	0.4370
博颐精选 2 期	2.0587	551.0611	0.0131	(0.0766)

续表

基金名称	Jensen 指数	SSE	R^2	Adjusted-R^2
森瑞独立景气	2.0471	3468.2876	0.2114	0.1397
翼虎成长 1 期	1.9666	232.9961	0.4544	0.4048
彤源 2 号	1.9568	436.7149	0.4636	0.4148
长江稳健	1.8146	110.0736	0.5430	0.5014
金百镕 1 期	1.8018	139.2895	0.1681	0.0925
林园证券投资	1.5709	205.6626	0.4654	0.4168
蕴泽 1 号	1.5233	1443.5347	0.5476	0.5065
鸿蕴 1 期（通晟）B	1.4861	216.5596	0.2050	0.1327
淡水泉 2008	1.3577	290.8416	0.4421	0.3914
慧安 1 号	1.0945	1256.0644	0.1502	0.0729
福麟 3 号（智诚 4 期）	1.0407	198.3944	0.6232	0.5889
长金 4 号	0.8962	518.1585	0.4087	0.3550
武当 1 期	0.8632	634.7263	0.2893	0.2247
金蕴 16 期（银杏投资）	0.7133	107.5973	0.7530	0.7305
武当 3 期	0.6930	356.1227	0.3812	0.3249
中融智德持续增长	0.1766	626.3853	0.3115	0.2489
龙腾 3 期	0.1146	2180.3555	0.1776	0.1029
投资精英之长青藤（B 类）	0.1050	55.0330	0.8863	0.8759
投资精英之长青藤（A 类）	0.0953	55.0719	0.8863	0.8760
惠正成长	(0.2876)	2369.8462	0.4164	0.3633
赤子之心价值	(0.6654)	114.0998	0.7683	0.7472
奕金安 2 期	(1.4406)	48.6938	0.9436	0.9385
康曼德 001 号	(1.5756)	740.9988	0.3283	0.2672
和聚 2 期	(1.8351)	218.9716	0.0440	(0.0430)
明曜精选 1 期（原合赢精选 1 期）	(1.8964)	708.0490	0.5273	0.4843
金中和 1 期	(2.0437)	1793.0463	0.2593	0.1920
尚雅 5 期	(2.6182)	1567.3364	0.3081	0.2452
尚雅 4 期	(2.7944)	2292.4035	0.3047	0.2415
同威 3 期	(3.4400)	234.9773	0.8393	0.8247

（2）熊市（2015 年 7 月至 2016 年 2 月）表现（以指标降序排列）。

表 5-17 为私募基金样本 Jensen 指数（熊市）。

表 5-17 私募基金样本 Jensen 指数（熊市）

基金名称	Jensen 指数	SSE	R^2	Adjusted-R^2
证大稳健增长	14.0776	712.0054	0.7762	0.7442
映雪霜雪 1 期	4.5489	230.8795	0.7946	0.7653
鸿蕴 1 期（通晟）B	3.7949	229.2475	0.6430	0.5920
映雪霜雪 2 期	3.6969	137.8866	0.8481	0.8264
和聚 2 期	3.4310	152.8722	0.0029	(0.1395)
金百镕 1 期	2.5039	61.3835	0.3477	0.2545
龙腾 3 期	2.1921	725.5865	0.0846	(0.0461)
和聚 1 期	2.1869	191.5298	0.6929	0.6491
奕金安 2 期	2.1434	202.7427	0.6634	0.6153
淡水泉 2008	2.0280	83.7471	0.8767	0.8591
翼虎成长 2 期	1.9154	119.0071	0.4243	0.3421
博颐精选 2 期	1.8173	262.5757	0.6363	0.5843
中欧瑞博 1 期	1.7005	59.9028	0.7703	0.7375
京福 1 号	1.6081	86.4695	0.9039	0.8901
淡水泉成长一期	1.5747	42.4715	0.9417	0.9333
瑞天 5 期	1.5545	522.3696	0.5044	0.4336
长金 4 号	1.4609	349.0124	0.8201	0.7944
翼虎成长 1 期	1.4070	61.1297	0.4369	0.3564
中欧瑞博成长策略一期	1.2692	18.9387	0.9152	0.9031
星石 1 期	1.2086	230.8175	0.7557	0.7208
星石 2 期	1.1310	222.6553	0.7564	0.7216
重阳 1 期	1.0426	135.6485	0.7511	0.7155
融金 34 号（久富一期）	1.0052	199.8906	0.4615	0.3845
久富 2 期	0.9242	184.3930	0.4591	0.3818
投资精英之展博（B 类）	0.8364	279.0016	0.5902	0.5316

续表

基金名称	Jensen 指数	SSE	R^2	Adjusted-R^2
投资精英之展博（A 类）	0.8266	278.8948	0.5902	0.5316
武当 1 期	0.7809	328.7925	0.6460	0.5954
鼎锋 2 期	0.7503	109.8335	0.8676	0.8486
武当 3 期	0.7490	314.2496	0.6688	0.6215
乐晟股票精选	0.6552	39.1335	0.9045	0.8908
展博精选 A 号	0.5769	393.2901	0.4587	0.3813
林园证券投资	0.5650	64.1446	0.7851	0.7544
源乐晟 2 期	0.5411	44.2994	0.9005	0.8862
金蕴 16 期（银杏投资）	0.5236	45.8585	0.8931	0.8779
长江稳健	0.5071	42.1712	0.6100	0.5543
鼎萨 1 期	0.4454	367.7427	0.7979	0.7691
鼎锋成长一期	0.1513	86.0098	0.8804	0.8633
上善若水 3 期	0.0757	27.1190	0.7865	0.7560
远策 2 期	(0.0905)	35.8029	0.8983	0.8837
汇利优选 2 期	(0.1261)	102.9342	0.9017	0.8877
金蕴 38 号（上善若水 4 期）	(0.2422)	49.3020	0.6530	0.6034
重阳 2 期	(0.2908)	97.0262	0.6904	0.6462
泽泉福虹财富	(0.3106)	6.3995	0.2681	0.1636
远策 1 期	(0.3709)	34.0821	0.8902	0.8745
明曜精选 1 期（原合赢精选 1 期）	(0.4487)	66.9424	0.8958	0.8810
悟空同创量化 1 期	(0.4897)	18.6494	0.8431	0.8207
陕国投 · 朱雀 1 期	(0.5129)	457.8069	0.5211	0.4527
睿信 3 期	(0.5368)	110.6172	0.8118	0.7849
汇利优选	(0.5855)	82.8406	0.9084	0.8954
深国投 · 朱雀 1 期	(0.6645)	427.8154	0.5164	0.4473
同威 3 期	(0.6829)	44.9523	0.8039	0.7759
林园 2 期	(0.7442)	390.7839	0.4941	0.4218
尚雅 4 期	(0.7587)	1778.1414	0.0005	(0.1423)

续表

基金名称	Jensen 指数	SSE	R^2	Adjusted-R^2
从容优势一期	(0.9529)	41.7608	0.8947	0.8796
惠正成长	(0.9688)	98.5881	0.7717	0.7390
从容成长 1 期	(1.0042)	75.2020	0.8135	0.7869
中融智德持续增长	(1.0693)	211.9224	0.5209	0.4525
银石 2 期	(1.0898)	535.6606	0.6380	0.5863
彤源 2 号	(1.1868)	205.3823	0.8405	0.8177
森瑞独立景气	(1.2065)	220.9865	0.5165	0.4474
康曼德 001 号	(1.2294)	370.5148	0.0194	(0.1207)
金蕴 28 期	(1.3773)	38.9050	0.5136	0.4442
沃胜 1 期	(1.3867)	356.9836	0.6206	0.5664
投资精英之长青藤（B 类）	(1.4608)	70.9052	0.8986	0.8841
投资精英之长青藤（A 类）	(1.4700)	70.8807	0.8987	0.8842
智诚 2 期	(1.5227)	255.7903	0.0939	(0.0356)
神农 1 期	(1.8233)	85.5370	0.3034	0.2039
金中和 1 期	(1.9073)	240.7316	0.4008	0.3152
鸿道 1 期	(1.9100)	144.1849	0.7394	0.7022
赤子之心价值	(1.9107)	209.9522	0.1141	(0.0124)
福麟 3 号（智诚 4 期）	(1.9246)	682.5041	0.2652	0.1603
鸿道 1 期精英 1 号	(1.9757)	143.3297	0.7421	0.7052
裕晋五期	(2.1542)	231.9863	0.4025	0.3172
尚雅 5 期	(2.5693)	629.4104	0.0751	(0.0570)
慧安 1 号	(2.8826)	171.0560	0.3273	0.2312
蕴泽 1 号	(2.9987)	356.7698	0.4039	0.3188
尚雅 3 期	(5.4128)	1205.2322	0.0532	(0.0820)
尚雅 1 期	(5.7127)	1282.3618	0.0503	(0.0854)

（3）震荡期（2016 年 3 月至 2017 年 7 月）表现（以指标降序排列）。

表 5-18 为私募基金样本 Jensen 指数（震荡期）。

表 5-18　私募基金样本 Jensen 指数（震荡期）

基金名称	Jensen 指数	SSE	R^2	Adjusted-R^2
长金 4 号	3.7965	706.0031	0.0443	(0.0194)
和聚 2 期	2.8616	352.0512	0.0024	(0.0642)
奕金安 2 期	2.8294	144.7587	0.2518	0.2020
林园证券投资	2.6907	114.3212	0.1961	0.1425
林园 2 期	2.6239	303.2375	0.0703	0.0083
证大稳健增长	2.5287	234.1767	0.2922	0.2450
金蕴 16 期（银杏投资）	2.2859	110.3824	0.4206	0.3820
赤子之心价值	1.9673	322.5206	0.0047	(0.0616)
彤源 2 号	1.8268	270.4988	0.0468	(0.0168)
淡水泉 2008	1.8227	141.5692	0.3383	0.2942
淡水泉成长一期	1.7813	82.3902	0.6300	0.6053
乐晟股票精选	1.6850	170.4387	0.0080	(0.0582)
同威 3 期	1.6765	73.5544	0.2867	0.2392
源乐晟 2 期	1.6682	214.5757	0.0122	(0.0536)
博颐精选 2 期	1.4661	260.7746	0.1030	0.0432
长江稳健	1.3722	71.7857	0.2392	0.1885
久富 2 期	1.3681	103.7344	0.0016	(0.0649)
中融智德持续增长	1.3191	182.6295	0.3102	0.2643
重阳 1 期	1.2354	148.6229	0.0002	(0.0665)
投资精英之长青藤（B 类）	1.1622	109.9429	0.6258	0.6008
投资精英之长青藤（A 类）	1.1509	109.8152	0.6260	0.6010
陕国投・朱雀 1 期	1.1413	172.1027	0.0004	(0.0663)
星石 1 期	1.0928	101.2887	0.0844	0.0234
星石 2 期	1.0753	103.3575	0.0826	0.0215
重阳 2 期	1.0572	144.0563	0.0000	(0.0666)
融金 34 号（久富一期）	1.0507	113.5128	0.1660	0.1104
鼎萨 1 期	0.9026	196.5519	0.1952	0.1415
深国投・朱雀 1 期	0.8820	173.9802	0.0044	(0.0619)
汇利优选	0.8559	183.2521	0.6546	0.6316

续表

基金名称	Jensen 指数	SSE	R^2	Adjusted-R^2
裕晋五期	0.7848	61.0599	0.0249	(0.0401)
悟空同创量化 1 期	0.7506	112.6062	0.0737	0.0120
汇利优选 2 期	0.7174	170.9373	0.6475	0.6240
鸿蕴 1 期（通晟）B	0.6502	221.8663	0.0746	0.0129
京福 1 号	0.5125	297.4799	0.6170	0.5915
瑞天 5 期	0.4537	93.6483	0.5163	0.4841
中欧瑞博成长策略一期	0.4043	40.0547	0.2924	0.2452
鼎锋 2 期	0.2899	126.9510	0.2424	0.1919
中欧瑞博 1 期	0.2525	46.1584	0.0111	(0.0549)
从容成长 1 期	0.1497	112.2394	0.0884	0.0276
康曼德 001 号	0.1420	69.6149	0.0069	(0.0593)
神农 1 期	0.0271	83.9128	0.3588	0.3161
明曜精选 1 期（原合赢精选 1 期）	0.0104	40.1111	0.6685	0.6464
远策 1 期	0.0018	33.8343	0.5717	0.5432
远策 2 期	(0.0015)	31.3473	0.6511	0.6278
鼎锋成长一期	(0.0864)	131.4606	0.2536	0.2039
上善若水 3 期	(0.0887)	85.1516	0.5297	0.4983
投资精英之展博（B 类）	(0.1099)	12.0214	0.5924	0.5652
投资精英之展博（A 类）	(0.1199)	11.9972	0.5925	0.5654
金蕴 28 期	(0.1339)	62.2388	0.4635	0.4277
蕴泽 1 号	(0.1351)	64.9385	0.7132	0.6941
金蕴 38 号（上善若水 4 期）	(0.2500)	79.5881	0.6487	0.6253
从容优势一期	(0.2617)	89.6496	0.2187	0.1667
沃胜 1 期	(0.3346)	45.9669	0.0176	(0.0479)
龙腾 3 期	(0.4062)	126.8898	0.0342	(0.0302)
福麟 3 号（智诚 4 期）	(0.4157)	117.3591	0.5080	0.4752
尚雅 3 期	(0.5166)	195.1258	0.0242	(0.0408)
惠正成长	(0.5617)	81.5948	0.2477	0.1975
映雪霜雪 1 期	(0.5625)	199.2336	0.4555	0.4192

续表

基金名称	Jensen 指数	SSE	R^2	Adjusted-R^2
鸿道 1 期	(0.5669)	117.2594	0.1366	0.0790
展博精选 A 号	(0.5699)	84.5313	0.2202	0.1682
睿信 3 期	(0.5789)	163.1565	0.3177	0.2722
尚雅 1 期	(0.5892)	195.2801	0.0236	(0.0415)
鸿道 1 期精英 1 号	(0.6073)	120.8265	0.1452	0.0883
武当 3 期	(0.6185)	284.4830	0.0160	(0.0496)
智诚 2 期	(0.6285)	215.2671	0.0109	(0.0551)
和聚 1 期	(0.6372)	190.9730	0.3048	0.2585
金中和 1 期	(0.6661)	137.2163	0.2791	0.2311
映雪霜雪 2 期	(0.6876)	149.2411	0.4512	0.4146
翼虎成长 2 期	(0.7089)	76.9962	0.1191	0.0604
尚雅 5 期	(0.7472)	123.5622	0.4071	0.3675
尚雅 4 期	(0.7521)	126.7966	0.4002	0.3602
翼虎成长 1 期	(0.7756)	74.3845	0.1502	0.0935
武当 1 期	(0.7906)	197.1827	0.0444	(0.0193)
金百镕 1 期	(0.8409)	49.5299	0.4713	0.4361
银石 2 期	(0.8886)	552.2214	0.0571	(0.0058)
慧安 1 号	(0.9525)	61.0123	0.1682	0.1128
森瑞独立景气	(1.1849)	87.2385	0.5366	0.5058
泽泉福虹财富	(1.4406)	150.5536	0.1637	0.1079

（4）整个考察期（2014 年 5 月至 2017 年 7 月）表现（以指标降序排列）。

表 5-19 为私募基金样本 Jensen 指数（整个考察期）。

表 5-19 私募基金样本 Jensen 指数（整个考察期）

基金名称	Jensen 指数	SSE	R^2	Adjusted-R^2
证大稳健增长	4.3560	2120.5857	0.5466	0.5337
乐晟股票精选	2.3827	1630.8666	0.3372	0.3183
源乐晟 2 期	2.1965	1705.1864	0.3299	0.3108

续表

基金名称	Jensen 指数	SSE	R^2	Adjusted-R^2
奕金安 2 期	1.9610	547.0939	0.7027	0.6942
林园证券投资	1.8106	413.7837	0.6008	0.5894
和聚 2 期	1.7946	867.9554	0.0147	(0.0134)
京福 1 号	1.7913	1583.6738	0.4728	0.4578
林园 2 期	1.6858	1277.6596	0.3131	0.2935
长江稳健	1.5596	248.6232	0.5696	0.5573
久富 2 期	1.4715	1630.1263	0.1723	0.1486
金蕴 16 期（银杏投资）	1.4416	285.8374	0.7848	0.7787
融金 34 号（久富一期）	1.3979	1542.5023	0.1917	0.1686
淡水泉 2008	1.3654	545.9080	0.6652	0.6556
蕴泽 1 号	1.3468	2593.1024	0.5244	0.5108
映雪霜雪 2 期	1.3346	1396.6417	0.4019	0.3848
中欧瑞博 1 期	1.2870	397.8665	0.4942	0.4798
长金 4 号	1.2842	1932.7502	0.5319	0.5185
中欧瑞博成长策略一期	1.2499	304.3237	0.6095	0.5983
淡水泉成长一期	1.2322	345.0273	0.7716	0.7651
翼虎成长 2 期	1.2188	606.6742	0.3948	0.3775
陕国投・朱雀 1 期	1.2008	1697.7489	0.2923	0.2720
泽泉福虹财富	1.1974	1101.7083	0.0235	(0.0044)
深国投・朱雀 1 期	1.1903	1701.7707	0.3088	0.2891
映雪霜雪 1 期	1.1742	1215.4626	0.4615	0.4461
龙腾 3 期	1.1329	3368.8373	0.1114	0.0860
星石 1 期	1.1322	941.5150	0.5476	0.5347
悟空同创量化 1 期	1.1241	260.0170	0.6313	0.6207
星石 2 期	1.1122	919.7752	0.5481	0.5352
翼虎成长 1 期	1.0589	527.3783	0.3878	0.3703
鸿蕴 1 期（通晟）B	1.0444	766.1059	0.3627	0.3445
瑞天 5 期	1.0444	1291.1093	0.3767	0.3589
和聚 1 期	1.0419	1568.9311	0.2917	0.2715

续表

基金名称	Jensen 指数	SSE	R^2	Adjusted-R^2
赤子之心价值	0.9950	872.6821	0.3075	0.2877
展博精选 A 号	0.9143	1718.3833	0.2680	0.2471
金百镕 1 期	0.8732	333.7434	0.2441	0.2225
同威 3 期	0.8325	744.9837	0.6376	0.6272
森瑞独立景气	0.8145	4177.6854	0.3030	0.2831
裕晋五期	0.8072	1287.9499	0.2051	0.1824
惠正成长	0.8055	3191.7238	0.4253	0.4089
鼎锋 2 期	0.6821	940.7338	0.5340	0.5207
重阳 1 期	0.6301	1347.2608	0.0573	0.0303
中融智德持续增长	0.6239	1051.5256	0.4444	0.4285
神农 1 期	0.6033	684.7739	0.2947	0.2745
智诚 2 期	0.5714	1637.0694	0.1817	0.1583
上善若水 3 期	0.5533	708.4193	0.2340	0.2121
尚雅 3 期	0.5375	3382.9314	0.1056	0.0800
远策 1 期	0.5228	299.3639	0.6830	0.6740
金蕴 28 期	0.4918	401.3155	0.3993	0.3821
尚雅 4 期	0.4881	4800.5195	0.1238	0.0988
康曼德 001 号	0.4880	1482.6559	0.0867	0.0606
博颐精选 2 期	0.4808	1356.4422	0.1718	0.1481
彤源 2 号	0.4568	1142.2542	0.6412	0.6309
鼎锋成长一期	0.4387	896.4821	0.5519	0.5391
金蕴 38 号（上善若水 4 期）	0.4147	768.7340	0.2736	0.2529
重阳 2 期	0.4068	1301.3091	0.0114	(0.0168)
鼎萨 1 期	0.4023	2360.5955	0.4165	0.3998
投资精英之展博（B 类）	0.3659	1264.4307	0.3545	0.3360
投资精英之展博（A 类）	0.3572	1264.6277	0.3544	0.3360
睿信 3 期	0.3364	664.5832	0.6258	0.6151
远策 2 期	0.2087	177.5872	0.7787	0.7723
汇利优选 2 期	0.2039	1632.4320	0.4946	0.4801

续表

基金名称	Jensen 指数	SSE	R^2	Adjusted-R^2
投资精英之长青藤（B 类）	0.1740	272.1321	0.8638	0.8599
投资精英之长青藤（A 类）	0.1642	271.9163	0.8640	0.8601
汇利优选	0.1556	1646.9424	0.4720	0.4569
从容优势一期	0.1147	1345.8542	0.3762	0.3584
从容成长 1 期	0.0947	1103.5953	0.3479	0.3292
福麟 3 号（智诚 4 期）	(0.0272)	1053.8313	0.5092	0.4952
鸿道 1 期	(0.0723)	917.8950	0.4821	0.4673
鸿道 1 期精英 1 号	(0.1186)	925.3628	0.4817	0.4669
沃胜 1 期	(0.1356)	1734.7280	0.3894	0.3720
明曜精选 1 期（原合赢精选 1 期）	(0.2950)	882.6246	0.6648	0.6552
武当 1 期	(0.2980)	1264.5261	0.4615	0.4462
尚雅 1 期	(0.3581)	3352.5272	0.0348	0.0072
慧安 1 号	(0.4158)	1625.1815	0.2628	0.2418
武当 3 期	(0.4660)	1165.0876	0.4459	0.4301
尚雅 5 期	(0.5415)	2569.7479	0.2442	0.2226
金中和 1 期	(0.5762)	2306.4662	0.3001	0.2801
银石 2 期	(0.8449)	1909.5627	0.4462	0.4303

（5）数据分析。

上表中给出数据均在 5% 的显著性水平下通过了检验。在熊市，大多数样本基金的可决系数 R^2 在 0.8 之上，说明此时样本基金业绩与模型拟合较好，同时也说明基金业绩表现很大程度上受市场基准组合收益率下跌的影响。2015—2016 年的股灾影响巨大，几乎所有股票都不同程度地受到了市场的影响，因此主要投资股票的私募也受到了较大的冲击，其业绩受到市场基准组合的影响亦在情理之中。

牛市与震荡市可决系数均在 0.5 左右，很少超过 0.8，特别是在牛市，部分基金可决系数极低。此时样本基金业绩与模型拟合不够好，同时也说明基金业绩的波动只部分归因于市场基准组合的收益变动。这一结果与私募基金在资产配置上限制较少的特点是一致的。在极端行情下，私募基金甚至可以保持空仓，其灵活的资产配置使基金管理者有较大的自由度来规避风险、获得收益。

（6）小结。

尽管部分数据的回归特性并不优秀，但是由于回归结果的显著性较高，因此依据 Jensen 指标给出的排序，在反映私募基金经风险调整后的收益能力方面仍具有一定的参考意义。经过对比发现，根据 Jensen 指数所给出的排序结果与 Sharpe 指数给出的排序具有一定相关性。以整个考察区间的数据为例：证大稳健增长、林园证券投资等具有较强收益能力的私募基金排名靠前，而银石 2 期、尚雅 5 期等不具有显著超额收益能力的基金排名靠后。

Jensen 指数一直以来也被广泛用作投资决策的参考，但是在计算中常常出现计算结果回归特性不好等缺点。当进行具体的投资选择时，反映收益能力的指标所带来排名的差异也为决策带来很多困扰。

5.4.5　选股择时能力评价指标实证结果分析

（1）牛市（2014 年 5 月至 2015 年 6 月）表现（以选股指标降序排列）。

表 5-20 为私募基金样本选股择时能力指标（牛市）。

表 5-20　私募基金样本选股择时能力指标（牛市）

基金名称	选股指标 α	择时指标 γ	SSE	R^2	Adjusted-R^2
京福 1 号	8.4481	(0.0679)	566.1827	0.2089	0.1370
泽泉福虹财富	8.3610	(0.0260)	451.3645	0.1958	0.1227
乐晟股票精选	8.1140	(0.1166)	735.7031	0.4082	0.3544
源乐晟 2 期	7.9228	(0.1238)	722.5735	0.4339	0.3825
映雪霜雪 2 期	7.5848	(0.0862)	488.3855	0.3293	0.2683
展博精选 A 号	7.1249	(0.1167)	577.4110	0.4382	0.3872
和聚 1 期	6.8953	(0.1190)	515.1821	0.4702	0.4220

续表

基金名称	选股指标 α	择时指标 γ	SSE	R^2	Adjusted-R^2
尚雅 1 期	6.8030	0.1069	654.0149	0.4427	0.3920
尚雅 3 期	6.5408	0.1658	255.2648	0.7735	0.7530
鼎萨 1 期	6.5379	(0.0924)	990.3957	0.2272	0.1570
映雪霜雪 1 期	5.8886	(0.0764)	272.3503	0.4321	0.3805
重阳 2 期	5.6721	0.0368	350.3778	0.5335	0.4911
鼎锋 2 期	5.3896	(0.0759)	321.8787	0.4215	0.3689
重阳 1 期	5.3367	0.0493	298.5439	0.5257	0.4826
瑞天 5 期	5.3131	(0.0710)	357.6190	0.3320	0.2713
沃胜 1 期	5.1874	(0.1381)	486.6328	0.6010	0.5647
鸿道 1 期	5.0640	(0.0541)	335.0537	0.2891	0.2245
鸿道 1 期精英 1 号	5.0569	(0.0546)	336.9922	0.2881	0.2234
鼎锋成长一期	5.0254	(0.0794)	320.5032	0.4675	0.4191
融金 34 号（久富一期）	4.9656	(0.1356)	612.3393	0.5039	0.4588
陕国投·朱雀 1 期	4.7736	0.1185	235.6764	0.6557	0.6245
裕晋五期	4.7075	0.0498	624.6151	0.1130	0.0324
汇利优选 2 期	4.6533	(0.1467)	460.7486	0.6237	0.5895
久富 2 期	4.6320	(0.1433)	638.1444	0.5301	0.4873
深国投·朱雀 1 期	4.6293	0.1231	277.9849	0.6402	0.6075
从容优势一期	4.4278	(0.1261)	618.9213	0.4963	0.4505
汇利优选	4.3688	(0.1493)	450.4395	0.6336	0.6003
林园 2 期	4.3443	0.0783	122.3908	0.6146	0.5796
上善若水 3 期	4.1771	(0.0781)	307.3772	0.3860	0.3302
森瑞独立景气	4.1369	(0.1601)	2656.4459	0.3960	0.3411
从容成长 1 期	3.9828	(0.1056)	352.6078	0.5553	0.5148
睿信 3 期	3.8613	0.0032	262.5699	0.3099	0.2472
神农 1 期	3.8170	(0.0567)	316.6720	0.3025	0.2391
智诚 2 期	3.8152	(0.1134)	487.1022	0.5599	0.5199
投资精英之展博（B 类）	3.7823	(0.1129)	498.4047	0.4997	0.4542

续表

基金名称	选股指标 α	择时指标 γ	SSE	R^2	Adjusted-R^2
投资精英之展博（A 类）	3.7761	(0.1129)	498.4477	0.4997	0.4543
金蕴 38 号（上善若水 4 期）	3.6549	(0.0895)	299.7346	0.4678	0.4195
银石 2 期	3.5960	(0.0864)	381.8258	0.4991	0.4536
中欧瑞博成长策略一期	3.5860	(0.0303)	160.0957	0.4088	0.3551
中欧瑞博 1 期	3.4225	0.0079	183.4252	0.2616	0.1945
远策 1 期	3.3348	(0.0103)	155.9457	0.3034	0.2401
星石 1 期	3.2971	0.0262	428.1823	0.2711	0.2048
星石 2 期	3.2764	0.0247	419.9551	0.2697	0.2033
金蕴 28 期	2.9750	(0.0262)	207.8376	0.2141	0.1426
博颐精选 2 期	2.8680	(0.0620)	429.3036	0.2312	0.1613
悟空同创量化 1 期	2.7941	(0.0247)	40.5870	0.7950	0.7764
淡水泉成长一期	2.7152	(0.0456)	84.2556	0.7102	0.6838
翼虎成长 2 期	2.6485	(0.0100)	246.9829	0.4305	0.3788
证大稳健增长	2.6460	0.0324	283.6177	0.6987	0.6713
慧安 1 号	2.6006	(0.1154)	834.3745	0.4355	0.3842
彤源 2 号	2.4867	(0.0406)	384.5017	0.5277	0.4848
远策 2 期	2.3610	(0.0158)	58.2737	0.5432	0.5016
淡水泉 2008	2.2404	(0.0676)	146.0078	0.7199	0.6945
蕴泽 1 号	2.1899	(0.0511)	1360.9312	0.5735	0.5347
翼虎成长 1 期	2.1212	(0.0118)	228.5521	0.4648	0.4161
武当 1 期	2.0737	(0.0928)	362.3313	0.5943	0.5574
鸿蕴 1 期（通晟）B	1.8693	(0.0294)	189.2593	0.3052	0.2420
金百镕 1 期	1.8448	(0.0033)	138.9457	0.1701	0.0947
武当 3 期	1.6931	(0.0766)	170.1896	0.7043	0.6774
龙腾 3 期	1.4026	(0.0987)	1871.9606	0.2939	0.2298
中融智德持续增长	1.3802	(0.0922)	357.0827	0.6075	0.5718
福麟 3 号（智诚 4 期）	1.2915	(0.0192)	186.6997	0.6454	0.6131
长江稳健	1.1698	0.0494	32.7675	0.8640	0.8516

续表

基金名称	选股指标 α	择时指标 γ	SSE	R^2	Adjusted-R^2
林园证券投资	1.0592	0.0392	156.9997	0.5919	0.5548
金蕴 16 期（银杏投资）	0.5952	0.0090	105.0060	0.7589	0.7370
金中和 1 期	0.5689	(0.2002)	524.1746	0.7835	0.7638
惠正成长	0.1042	(0.0300)	2341.3229	0.4234	0.3710
长金 4 号	0.0095	0.0679	372.0286	0.5755	0.5369
尚雅 4 期	(0.0035)	(0.2139)	844.4866	0.7439	0.7206
投资精英之长青藤（B 类）	(0.0328)	0.0106	51.5013	0.8936	0.8839
投资精英之长青藤（A 类）	(0.0419)	0.0105	51.5701	0.8935	0.8839
康曼德 001 号	(0.4013)	(0.0900)	484.6432	0.5606	0.5207
明曜精选 1 期（原合赢精选 1 期）	(0.8034)	(0.0838)	485.9714	0.6756	0.6461
尚雅 5 期	(0.8337)	(0.1367)	975.4156	0.5694	0.5302
赤子之心价值	(1.1104)	0.0341	77.2876	0.8430	0.8288
奕金安 2 期	(1.7603)	0.0245	29.7017	0.9656	0.9625
和聚 2 期	(2.0816)	0.0189	207.6812	0.0932	0.0108
同威 3 期	(4.0982)	0.0504	154.4511	0.8944	0.8848

（2）熊市（2015 年 7 月至 2016 年 2 月）表现（以选股指标降序排列）。

表 5-21 为私募基金样本选股择时能力指标（熊市）。

表 5-21 私募基金样本选股择时能力指标（熊市）

基金名称	选股指标 α	择时指标 γ	SSE	R^2	Adjusted-R^2
证大稳健增长	17.3990	(0.0562)	531.6430	0.8329	0.8090
映雪霜雪 1 期	5.7662	(0.0206)	206.6543	0.8162	0.7899
和聚 2 期	5.1452	(0.0290)	104.8331	0.3162	0.2186
鸿蕴 1 期（通晟）B	4.5429	(0.0127)	220.0989	0.6573	0.6083
融金 34 号（久富一期）	4.2183	(0.0544)	31.0985	0.9162	0.9042
久富 2 期	3.9729	(0.0516)	32.4348	0.9049	0.8913

续表

基金名称	选股指标 α	择时指标 γ	SSE	R^2	Adjusted-R^2
映雪霜雪 2 期	3.6413	0.0009	137.8362	0.8481	0.8264
翼虎成长 2 期	3.3852	(0.0249)	83.6880	0.5952	0.5373
奕金安 2 期	2.9333	(0.0134)	192.5404	0.6804	0.6347
福麟 3 号（智诚 4 期）	2.6951	(0.0782)	333.5782	0.6409	0.5896
翼虎成长 1 期	2.5547	(0.0194)	39.5923	0.6353	0.5832
博颐精选 2 期	2.3505	(0.0090)	257.9265	0.6427	0.5917
淡水泉 2008	2.3383	(0.0053)	82.1728	0.8790	0.8618
鼎锋 2 期	1.9723	(0.0207)	85.4211	0.8970	0.8823
金百镕 1 期	1.9546	0.0093	56.4497	0.4002	0.3145
中欧瑞博 1 期	1.9501	(0.0042)	58.8841	0.7742	0.7420
展博精选 A 号	1.8999	(0.0224)	364.6715	0.4980	0.4263
武当 1 期	1.8463	(0.0180)	310.2353	0.6660	0.6183
京福 1 号	1.7838	(0.0030)	85.9650	0.9044	0.8908
重阳 1 期	1.6978	(0.0111)	128.6310	0.7640	0.7302
武当 3 期	1.6672	(0.0155)	300.4650	0.6833	0.6381
中欧瑞博成长策略一期	1.5833	(0.0053)	17.3256	0.9225	0.9114
淡水泉成长一期	1.5527	0.0004	42.4636	0.9417	0.9333
汇利优选 2 期	1.4623	(0.0269)	61.6816	0.9411	0.9327
汇利优选	1.0853	(0.0283)	37.2041	0.9589	0.9530
和聚 1 期	0.9645	0.0207	167.0994	0.7321	0.6938
乐晟股票精选	0.8309	(0.0030)	38.6284	0.9057	0.8922
鼎锋成长一期	0.8308	(0.0115)	78.4601	0.8909	0.8753
远策 2 期	0.8249	(0.0155)	22.1020	0.9372	0.9282
源乐晟 2 期	0.8110	(0.0046)	43.1087	0.9031	0.8893
金中和 1 期	0.7788	(0.0455)	122.7674	0.6944	0.6507
远策 1 期	0.7165	(0.0184)	14.7479	0.9525	0.9457
长江稳健	0.7163	(0.0035)	41.4563	0.6166	0.5619
投资精英之展博（B 类）	0.7148	0.0021	278.7599	0.5905	0.5320

续表

基金名称	选股指标 α	择时指标 γ	SSE	R^2	Adjusted-R^2
投资精英之展博（A 类）	0.7061	0.0020	278.6576	0.5905	0.5320
长金 4 号	0.5569	0.0153	335.6532	0.8270	0.8023
重阳 2 期	0.5429	(0.0141)	85.6624	0.7267	0.6877
上善若水 3 期	0.5284	(0.0077)	23.7691	0.8129	0.7861
从容成长 1 期	0.5043	(0.0255)	37.9976	0.9058	0.8923
中融智德持续增长	0.4869	(0.0264)	172.3258	0.6104	0.5548
金蕴 16 期（银杏投资）	0.4843	0.0007	45.8333	0.8932	0.8779
林园证券投资	0.3824	0.0031	63.5997	0.7869	0.7565
彤源 2 号	0.2410	(0.0242)	172.0541	0.8664	0.8473
惠正成长	0.1684	(0.0193)	77.4472	0.8206	0.7950
从容优势一期	0.1637	(0.0189)	21.3747	0.9461	0.9384
沃胜 1 期	0.1121	(0.0254)	320.2574	0.6597	0.6111
龙腾 3 期	0.1096	0.0353	654.6859	0.1741	0.0561
康曼德 001 号	0.0691	(0.0220)	342.9478	0.0924	(0.0373)
金蕴 38 号（上善若水 4 期）	(0.1926)	(0.0008)	49.2617	0.6533	0.6038
鼎萨 1 期	(0.2569)	0.0119	359.6774	0.8024	0.7741
泽泉福虹财富	(0.2972)	(0.0002)	6.3965	0.2685	0.1640
鸿道 1 期	(0.3175)	(0.0270)	102.7187	0.8144	0.7878
悟空同创量化 1 期	(0.3357)	(0.0026)	18.2616	0.8463	0.8244
鸿道 1 期精英 1 号	(0.3817)	(0.0270)	101.7922	0.8168	0.7907
星石 2 期	(0.6131)	0.0295	172.9242	0.8108	0.7838
星石 1 期	(0.6271)	0.0311	175.7185	0.8140	0.7875
同威 3 期	(0.7587)	0.0013	44.8583	0.8044	0.7764
智诚 2 期	(0.7634)	(0.0129)	246.3631	0.1273	0.0026
尚雅 4 期	(1.0570)	0.0051	1776.6867	0.0013	(0.1414)
明曜精选 1 期（原合赢精选 1 期）	(1.1158)	0.0113	59.6661	0.9072	0.8939
深国投 · 朱雀 1 期	(1.1575)	0.0083	423.8417	0.5209	0.4524

续表

基金名称	选股指标 α	择时指标 γ	SSE	R^2	Adjusted-R^2
森瑞独立景气	(1.1639)	(0.0007)	220.9567	0.5166	0.4475
睿信 3 期	(1.2251)	0.0117	102.8725	0.8250	0.8000
投资精英之长青藤（B 类）	(1.2286)	(0.0039)	70.0235	0.8999	0.8856
投资精英之长青藤（A 类）	(1.2365)	(0.0040)	69.9893	0.9000	0.8857
金蕴 28 期	(1.4783)	0.0017	38.7383	0.5157	0.4466
陕国投 · 朱雀 1 期	(1.4934)	0.0166	442.0881	0.5375	0.4715
神农 1 期	(1.5090)	(0.0053)	83.9222	0.3166	0.2190
裕晋五期	(1.5125)	(0.0109)	225.2540	0.4199	0.3370
瑞天 5 期	(1.5732)	0.0530	362.4316	0.6561	0.6070
蕴泽 1 号	(1.9372)	(0.0180)	338.3485	0.4347	0.3540
林园 2 期	(2.1412)	0.0237	358.8769	0.5354	0.4690
银石 2 期	(2.1680)	0.0183	516.6546	0.6509	0.6010
赤子之心价值	(2.7802)	0.0147	197.5916	0.1663	0.0472
慧安 1 号	(3.1534)	0.0046	169.8570	0.3320	0.2366
尚雅 5 期	(3.4820)	0.0155	615.7892	0.0951	(0.0342)
尚雅 3 期	(5.8539)	0.0075	1202.0510	0.0557	(0.0792)
尚雅 1 期	(6.1391)	0.0072	1279.3884	0.0525	(0.0828)

（3）震荡期（2016 年 3 月至 2017 年 7 月）表现（以选股指标降序排列）。

表 5-22 为私募基金样本选股择时能力指标（震荡期）。

表 5-22 私募基金样本选股择时能力指标（震荡期）

基金名称	选股指标 α	择时指标 γ	SSE	R^2	Adjusted-R^2
长金 4 号	4.9925	(0.1454)	584.5971	0.2087	0.1559
奕金安 2 期	2.9515	(0.0148)	143.4934	0.2584	0.2089
林园 2 期	2.9120	(0.0350)	296.1924	0.0919	0.0314

续表

基金名称	选股指标 α	择时指标 γ	SSE	R^2	Adjusted-R^2
林园证券投资	2.8284	(0.0167)	112.7129	0.2074	0.1545
金蕴 16 期（银杏投资）	2.6454	(0.0437)	99.4120	0.4782	0.4434
和聚 2 期	2.6062	0.0311	346.5155	0.0180	(0.0474)
源乐晟 2 期	2.3820	(0.0868)	171.3282	0.2113	0.1587
乐晟股票精选	2.1550	(0.0572)	151.6842	0.1171	0.0583
淡水泉 2008	2.1207	(0.0362)	134.0351	0.3736	0.3318
彤源 2 号	2.0401	(0.0259)	266.6363	0.0604	(0.0023)
中融智德持续增长	1.8942	(0.0699)	154.5537	0.4163	0.3774
证大稳健增长	1.8682	0.0803	197.1482	0.4041	0.3644
同威 3 期	1.7837	(0.0130)	72.5781	0.2962	0.2493
长江稳健	1.6994	(0.0398)	62.7003	0.3355	0.2912
淡水泉成长一期	1.5973	0.0224	79.5176	0.6429	0.6191
赤子之心价值	1.5754	0.0477	309.4827	0.0449	(0.0187)
融金 34 号（久富一期）	1.5432	(0.0599)	92.9220	0.3172	0.2717
鼎萨 1 期	1.5300	(0.0763)	163.1418	0.3320	0.2875
星石 1 期	1.4696	(0.0458)	89.2313	0.1934	0.1397
星石 2 期	1.4536	(0.0460)	91.2068	0.1905	0.1365
久富 2 期	1.3738	(0.0007)	103.7317	0.0017	(0.0649)
悟空同创量化 1 期	1.2968	(0.0664)	87.2836	0.2820	0.2341
投资精英之长青藤（B 类）	1.2195	(0.0070)	109.6645	0.6267	0.6018
投资精英之长青藤（A 类）	1.2075	(0.0069)	109.5434	0.6269	0.6020
陕国投・朱雀 1 期	1.0972	0.0054	171.9375	0.0013	(0.0653)
深国投・朱雀 1 期	1.0761	(0.0236)	170.7825	0.0227	(0.0424)
汇利优选	0.9423	(0.0105)	182.6181	0.6558	0.6329
瑞天 5 期	0.9372	(0.0588)	73.8086	0.6188	0.5934

续表

基金名称	选股指标 α	择时指标 γ	SSE	R^2	Adjusted-R^2
汇利优选 2 期	0.8104	(0.0113)	170.2033	0.6491	0.6257
博颐精选 2 期	0.8062	0.0803	223.8052	0.2302	0.1789
鼎锋 2 期	0.7816	(0.0598)	106.4351	0.3648	0.3225
鸿蕴 1 期（通晟）B	0.7444	(0.0115)	221.1119	0.0777	0.0162
中欧瑞博成长策略一期	0.7145	(0.0377)	31.8881	0.4367	0.3991
武当 3 期	0.6674	(0.1564)	144.1386	0.5014	0.4682
裕晋五期	0.5748	0.0255	57.3167	0.0847	0.0236
神农 1 期	0.5180	(0.0597)	63.4657	0.5151	0.4827
重阳 1 期	0.4716	0.0929	99.1119	0.3333	0.2888
蕴泽 1 号	0.4456	(0.0706)	36.3116	0.8396	0.8289
重阳 2 期	0.3754	0.0829	104.5985	0.2739	0.2255
明曜精选 1 期（原合赢精选 1 期）	0.3606	(0.0426)	29.7030	0.7545	0.7381
鼎锋成长一期	0.3338	(0.0511)	116.4704	0.3387	0.2947
从容优势一期	0.3323	(0.0722)	59.7087	0.4797	0.4450
和聚 1 期	0.3303	(0.1177)	111.5170	0.5941	0.5670
上善若水 3 期	0.3144	(0.0490)	71.3636	0.6058	0.5796
远策 2 期	0.2793	(0.0341)	24.6557	0.7256	0.7073
中欧瑞博 1 期	0.2412	0.0014	46.1475	0.0113	(0.0546)
远策 1 期	0.2182	(0.0263)	29.8597	0.6221	0.5969
从容成长 1 期	0.2137	(0.0078)	111.8921	0.0912	0.0307
金蕴 28 期	0.1868	(0.0390)	53.5094	0.5387	0.5080
映雪霜雪 1 期	0.1630	(0.0882)	154.5598	0.5776	0.5494
投资精英之展博（B 类）	0.1450	(0.0310)	6.5069	0.7794	0.7647
京福 1 号	0.1417	0.0451	285.8121	0.6321	0.6075
投资精英之展博（A 类）	0.1349	(0.0310)	6.4862	0.7797	0.7650

续表

基金名称	选股指标 α	择时指标 γ	SSE	R^2	Adjusted-R^2
康曼德 001 号	0.1000	0.0051	69.4655	0.0090	(0.0571)
沃胜 1 期	0.0975	(0.0526)	30.1159	0.3563	0.3134
翼虎成长 2 期	0.0536	(0.0927)	27.6397	0.6838	0.6627
惠正成长	0.0257	(0.0714)	52.3157	0.5176	0.4855
金蕴 38 号（上善若水 4 期）	0.0189	(0.0327)	73.4528	0.6758	0.6542
翼虎成长 1 期	(0.0286)	(0.0908)	27.0212	0.6913	0.6707
展博精选 A 号	(0.0573)	(0.0623)	62.2325	0.4259	0.3876
龙腾 3 期	(0.1193)	(0.0349)	119.9002	0.0874	0.0265
睿信 3 期	(0.1349)	(0.0540)	146.4246	0.3877	0.3468
福麟 3 号（智诚 4 期）	(0.2101)	(0.0250)	113.7687	0.5230	0.4913
映雪霜雪 2 期	(0.2200)	(0.0569)	130.6764	0.5195	0.4874
鸿道 1 期	(0.2912)	(0.0335)	110.8091	0.1841	0.1297
武当 1 期	(0.3153)	(0.0578)	178.0057	0.1373	0.0798
鸿道 1 期精英 1 号	(0.3362)	(0.0330)	114.5847	0.1894	0.1354
尚雅 5 期	(0.3717)	(0.0457)	111.5929	0.4645	0.4288
金百镕 1 期	(0.4142)	(0.0519)	34.0764	0.6363	0.6120
尚雅 4 期	(0.4392)	(0.0381)	118.4833	0.4395	0.4022
尚雅 3 期	(0.5095)	(0.0009)	195.1214	0.0242	(0.0408)
尚雅 1 期	(0.5627)	(0.0032)	195.2204	0.0238	(0.0412)
金中和 1 期	(0.6183)	(0.0058)	137.0229	0.2801	0.2322
智诚 2 期	(0.6709)	0.0052	215.1144	0.0116	(0.0543)
慧安 1 号	(0.7185)	(0.0285)	56.3644	0.2316	0.1804
森瑞独立景气	(0.8497)	(0.0408)	77.7012	0.5873	0.5598
泽泉福虹财富	(1.0967)	(0.0418)	140.5119	0.2195	0.1674
银石 2 期	(2.4751)	0.1929	338.6024	0.4218	0.3833

（4）整个考察期（2014 年 5 月至 2017 年 7 月）表现（以选股指标降序排列）。

表 5-23 为私募基金样本选股择时能力指标（整个考察期）。

表 5-23　私募基金样本选股择时能力指标（整个考察期）

基金名称	选股指标 α	择时指标 γ	SSE	R^2	Adjusted-R^2
证大稳健增长	4.9889	(0.0131)	2079.1495	0.5555	0.5293
乐晟股票精选	3.6081	(0.0254)	1475.5051	0.4004	0.3651
源乐晟 2 期	3.6022	(0.0291)	1500.7401	0.4103	0.3756
融金 34 号（久富一期）	3.1523	(0.0364)	1224.0585	0.3586	0.3208
久富 2 期	3.1373	(0.0345)	1343.0482	0.3180	0.2779
京福 1 号	3.0003	(0.0251)	1432.4435	0.5232	0.4951
映雪霜雪 1 期	2.5856	(0.0293)	1009.3622	0.5528	0.5265
映雪霜雪 2 期	2.5565	(0.0253)	1242.1778	0.4681	0.4368
鼎萨 1 期	2.4907	(0.0433)	1909.3709	0.5280	0.5002
汇利优选 2 期	2.3617	(0.0447)	1150.7278	0.6437	0.6228
汇利优选	2.3127	(0.0447)	1165.5287	0.6263	0.6044
展博精选 A 号	2.3105	(0.0289)	1516.7192	0.3539	0.3159
淡水泉 2008	2.2540	(0.0184)	464.2096	0.7153	0.6985
鼎锋 2 期	2.2173	(0.0318)	696.9173	0.6548	0.6345
长金 4 号	2.1395	(0.0177)	1857.0748	0.5502	0.5237
重阳 1 期	2.1323	(0.0311)	1113.7881	0.2206	0.1748
淡水泉成长一期	2.0895	(0.0178)	268.9918	0.8220	0.8115
和聚 1 期	2.0826	(0.0216)	1456.8760	0.3423	0.3036
博颐精选 2 期	2.0744	(0.0330)	1093.7220	0.3322	0.2929
林园 2 期	2.0152	(0.0068)	1266.4380	0.3192	0.2791
重阳 2 期	1.9777	(0.0326)	1045.9992	0.2054	0.1587
和聚 2 期	1.9045	(0.0023)	866.7071	0.0162	(0.0417)
彤源 2 号	1.8543	(0.0290)	940.1929	0.7046	0.6873
林园证券投资	1.7495	0.0013	413.3981	0.6011	0.5777

续表

基金名称	选股指标 α	择时指标 γ	SSE	R^2	Adjusted-R^2
鸿蕴 1 期（通晟）B	1.7464	(0.0146)	715.1262	0.4051	0.3701
鼎锋成长一期	1.7034	(0.0262)	731.0150	0.6346	0.6131
沃胜 1 期	1.6504	(0.0370)	1404.7348	0.5056	0.4765
瑞天 5 期	1.5911	(0.0113)	1260.1841	0.3916	0.3558
奕金安 2 期	1.5849	0.0078	532.4642	0.7107	0.6937
中欧瑞博成长策略一期	1.5748	(0.0067)	293.4030	0.6235	0.6014
中融智德持续增长	1.5688	(0.0196)	959.1454	0.4932	0.4634
金蕴 16 期（银杏投资）	1.5435	(0.0021)	284.7651	0.7856	0.7730
从容成长 1 期	1.5242	(0.0296)	892.1680	0.4728	0.4418
从容优势一期	1.5027	(0.0288)	1146.5533	0.4686	0.4373
泽泉福虹财富	1.4810	(0.0059)	1093.3876	0.0309	(0.0261)
上善若水 3 期	1.4507	(0.0186)	625.1019	0.3241	0.2843
投资精英之展博（B 类）	1.4017	(0.0215)	1153.4223	0.4112	0.3765
投资精英之展博（A 类）	1.3930	(0.0215)	1153.6171	0.4111	0.3765
中欧瑞博 1 期	1.3429	(0.0012)	397.5427	0.4946	0.4649
星石 1 期	1.2813	(0.0031)	939.2147	0.5487	0.5221
星石 2 期	1.2753	(0.0034)	917.0244	0.5494	0.5229
悟空同创量化 1 期	1.2408	(0.0024)	258.6085	0.6333	0.6117
陕国投・朱雀 1 期	1.2323	(0.0007)	1697.6466	0.2923	0.2507
裕晋五期	1.2293	(0.0088)	1269.5164	0.2164	0.1704
鸿道 1 期	1.1658	(0.0257)	759.3072	0.5716	0.5464
深国投・朱雀 1 期	1.1409	0.0010	1701.5190	0.3089	0.2683
鸿道 1 期精英 1 号	1.1315	(0.0259)	763.6910	0.5723	0.5471
金蕴 38 号（上善若水 4 期）	1.1105	(0.0144)	718.6507	0.3209	0.2810
长江稳健	1.1100	0.0093	227.7095	0.6058	0.5826
远策 1 期	1.0790	(0.0115)	267.3557	0.7169	0.7003
翼虎成长 2 期	1.0471	0.0036	603.6269	0.3979	0.3624
神农 1 期	1.0062	(0.0084)	667.9771	0.3120	0.2715

续表

基金名称	选股指标 α	择时指标 γ	SSE	R^2	Adjusted-R^2
远策 2 期	0.8632	(0.0136)	133.2628	0.8339	0.8241
智诚 2 期	0.8386	(0.0055)	1629.6857	0.1854	0.1375
武当 3 期	0.7612	(0.0254)	1009.2577	0.5201	0.4918
福麟 3 号（智诚 4 期）	0.7550	(0.0162)	990.5379	0.5387	0.5116
武当 1 期	0.7497	(0.0217)	1150.9633	0.5099	0.4811
森瑞独立景气	0.7340	0.0017	4177.0144	0.3031	0.2621
翼虎成长 1 期	0.7275	0.0069	516.0183	0.4010	0.3657
金蕴 28 期	0.5806	(0.0018)	400.4994	0.4005	0.3653
金中和 1 期	0.5481	(0.0233)	2175.6993	0.3397	0.3009
睿信 3 期	0.5091	(0.0036)	661.4960	0.6276	0.6056
金百镕 1 期	0.4261	0.0093	313.0651	0.2909	0.2492
龙腾 3 期	0.4241	0.0147	3316.8567	0.1251	0.0737
蕴泽 1 号	0.4167	0.0193	2503.5996	0.5408	0.5138
投资精英之长青藤（B 类）	0.4113	(0.0049)	266.3072	0.8667	0.8589
投资精英之长青藤（A 类）	0.4012	(0.0049)	266.1060	0.8669	0.8590
康曼德 001 号	0.2625	0.0047	1477.3926	0.0900	0.0364
赤子之心价值	0.1388	0.0178	796.8387	0.3677	0.3305
尚雅 4 期	0.0715	0.0086	4782.5619	0.1271	0.0757
尚雅 1 期	0.0533	(0.0085)	3335.0157	0.0398	(0.0167)
银石 2 期	0.0469	(0.0185)	1827.2904	0.4700	0.4388
慧安 1 号	(0.0457)	(0.0077)	1611.0106	0.2693	0.2263
惠正成长	(0.0901)	0.0186	3108.7317	0.4402	0.4073
尚雅 3 期	(0.1025)	0.0133	3340.5515	0.1168	0.0648
明曜精选 1 期（原合赢精选 1 期）	(0.1351)	(0.0033)	879.9793	0.6658	0.6462
同威 3 期	(0.4152)	0.0259	583.9254	0.7159	0.6992
尚雅 5 期	(0.8035)	0.0054	2562.6452	0.2463	0.2019

（5）数据分析。

对T-M模型进行的回归特性与对CAPM模型进行的回归特性类似，多数样本基金在熊市的可决系数R^2在0.8之上或接近0.8，说明此时样本基金业绩与模型拟合较好，基金业绩表现在一定程度上受市场基准组合收益率下跌的影响；在牛市与震荡期，可决系数很少超过0.5，这说明，此时样本基金业绩与模型拟合不够好，基金业绩的波动只部分归因于市场基准组合收益的变动。

在选股指标方面，多数样本基金的基金经理都表现出较强的选股能力。正大稳健投资、京福1号、乐晟股票精选、奕金安2期在不同的市场中均表现出显著且较强的选股能力。

在择时指标方面，多数样本基金的择时指标为负，其基金经理未表现出显著的择时能力。只有林园证券投资、深国投·朱雀1期少数基金的基金经理表现出择时能力。但是考虑到这几只基金的回归特性不是特别好，而其选股指标又过小，因此其所表现出来的能力是值得怀疑的。当然，这并不能排除这几只基金具有一定的信息渠道，对于股票涨跌有一定预见性。

综合来看，基金经理靠股票的历史表现与预期表现来配置资产，样本基金所普遍表现出来的选股能力体现了基金经理能够较好理解市场中股票的业绩表现，甄别出业绩优秀的股票，从而合理地配置资产。

而多数样本基金的基金经理不具备显著的择时能力，说明股票市场仍然处于信息不对称的环境下，多头、空头走势不明朗，因此难以对股票涨跌做出预判，存在样本基金为了提高收益却导致亏损的尝试。同时，回归模型择时指标的负值也对应了私募基金对仓位控制的需求。一方面，私募基金需要保留部分仓位，以防备客户赎回；另一方面，由于私募基金追求绝对收益，必须配置一部分高风险资产，而当基金遭受亏损，净值跌破警戒线，这一部分高风险资产的仓位会受到严格控制。在这些因素的影响下，私募基金的择时能力势必会受到影响。

（6）小结。

通过对样本基金选股能力和择时能力的研究，可以发现私募基金经理普遍具有一定的选股能力，说明私募基金现阶段主要依靠合理配置资产来实现盈利。同时，可以发现大部分基金经理并不具备择时能力，这与择时难度较大，以及私募基金经理对市场走向的判断普遍不够准确有关。

本节解释了前四节中各种私募基金的业绩表现，证大稳健增长、京福 1 号、乐晟股票精选等由于其基金经理具有显著的选股能力，因此其超额收益能力强，基金业绩较好。尚雅 1 期、尚雅 5 期、银石 2 期等基金由于选股能力或择时能力不显著，故其收益能力不强，业绩波动较大。因此，基金经理选股择时能力指标作为基金评价领域的另一个侧面——经理人能力评价是对基金收益能力、风险水平的一种补充，因此被纳入评价体系中。

5.4.6　业绩持续性指标实证结果分析

（1）牛市（2014 年 5 月至 2015 年 6 月）表现（以持续性指标降序排列）。

表 5-24 为私募基金样本业绩持续性指标（牛市）。

表 5-24　私募基金样本业绩持续性指标（牛市）

私募基金名称	持续性指标	SSE	R^2	Adjusted-R^2
泽泉福虹财富	0.5289	334.6243	0.3121	0.2447
映雪霜雪 2 期	0.3303	586.6567	0.1183	0.0778
映雪霜雪 1 期	0.3170	349.1232	0.1207	(0.0007)
龙腾 3 期	0.3144	1832.2693	0.1254	0.1360
裕晋五期	0.2925	505.8559	0.1033	(0.0179)
鸿蕴 1 期（通晟）B	0.2833	196.6457	0.0911	0.0497
远策 2 期	0.2001	68.6631	0.0644	0.0746
金百镕 1 期	0.1764	130.8038	0.0335	0.0997
星石 1 期	0.1471	560.5206	0.0207	0.0431
星石 2 期	0.1355	549.1678	0.0177	0.0426
悟空同创量化 1 期	0.1286	107.8225	0.0285	0.2063

续表

私募基金名称	持续性指标	SSE	R^2	Adjusted-R^2
中欧瑞博 1 期	0.1226	234.2328	0.0158	0.1135
长金 4 号	0.1152	855.4559	0.0134	0.0045
博颐精选 2 期	0.0996	523.0493	0.0105	(0.0243)
蕴泽 1 号	0.0781	2440.4161	0.0079	0.1019
远策 1 期	0.0745	193.7394	0.0059	0.0747
睿信 3 期	0.0734	356.7741	0.0056	0.1526
尚雅 1 期	0.0593	447.5521	0.0090	0.1065
林园 2 期	0.0577	209.2699	0.0050	(0.0252)
投资精英之展博（A 类）	0.0573	695.7270	0.0046	0.0683
投资精英之展博（B 类）	0.0569	695.5751	0.0046	0.0681
鼎萨 1 期	0.0528	1186.7341	0.0029	0.0870
和聚 1 期	0.0522	737.2509	0.0034	0.0804
赤子之心价值	0.0413	430.6976	0.0019	0.0764
长江稳健	0.0411	242.0305	0.0017	(0.0191)
金蕴 28 期	0.0216	226.7109	0.0005	0.1268
深国投・朱雀 1 期	0.0152	549.7870	0.0003	(0.0032)
同威 3 期	0.0140	1203.7573	0.0002	0.0270
金蕴 16 期（银杏投资）	0.0024	326.2187	0.0000	0.0318
鼎锋成长一期	(0.0029)	352.2242	0.0000	0.1363
中欧瑞博成长策略一期	(0.0054)	210.0357	0.0000	0.1094
汇利优选 2 期	(0.0077)	683.5564	0.0001	0.0132
奕金安 2 期	(0.0252)	620.2289	0.0009	(0.0279)
银石 2 期	(0.0288)	460.4006	0.0014	0.0133
林园证券投资	(0.0310)	367.0187	0.0009	0.0386
陕国投・朱雀 1 期	(0.0321)	442.7478	0.0015	0.0116
汇利优选	(0.0328)	680.9306	0.0019	(0.0051)
武当 3 期	(0.0363)	232.5959	0.0032	0.0262
惠正成长	(0.0381)	3290.1402	0.0017	0.0297
久富 2 期	(0.0455)	982.8394	0.0028	(0.0286)

续表

私募基金名称	持续性指标	SSE	R^2	Adjusted-R^2
瑞天 5 期	(0.0572)	423.9198	0.0041	(0.0271)
森瑞独立景气	(0.0644)	2742.4425	0.0063	0.0284
鸿道 1 期	(0.0702)	396.6315	0.0055	0.0911
鸿道 1 期精英 1 号	(0.0759)	398.4117	0.0064	0.0897
展博精选 A 号	(0.0762)	834.7870	0.0068	0.0463
鼎锋 2 期	(0.0781)	341.0300	0.0094	0.0877
融金 34 号（久富一期）	(0.0845)	933.0742	0.0092	(0.0285)
金蕴 38 号（上善若水 4 期）	(0.0907)	393.2694	0.0116	(0.0153)
投资精英之长青藤（A 类）	(0.1005)	380.7048	0.0120	(0.0125)
投资精英之长青藤（B 类）	(0.1014)	380.1524	0.0122	(0.0126)
中融智德持续增长	(0.1180)	449.8831	0.0253	(0.0241)
京福 1 号	(0.1197)	669.7803	0.0147	0.0246
福麟 3 号（智诚 4 期）	(0.1281)	364.4449	0.0221	(0.0283)
上善若水 3 期	(0.1317)	388.9873	0.0215	(0.0262)
神农 1 期	(0.1811)	314.9220	0.0433	0.0375
重阳 1 期	(0.1859)	189.0727	0.0932	0.0003
从容成长 1 期	(0.1965)	383.6415	0.0731	(0.0061)
重阳 2 期	(0.2014)	245.8191	0.1002	(0.0181)
翼虎成长 2 期	(0.2033)	300.3697	0.0531	0.0238
翼虎成长 1 期	(0.2121)	272.1571	0.0627	0.0353
慧安 1 号	(0.2129)	948.7786	0.0657	(0.0070)
明曜精选 1 期（原合赢精选 1 期）	(0.2568)	472.5578	0.1726	0.0081
武当 1 期	(0.2743)	398.7412	0.1420	(0.0022)
证大稳健增长	(0.2945)	692.5667	0.1051	(0.0284)
源乐晟 2 期	(0.2968)	775.1494	0.1117	0.0527
乐晟股票精选	(0.3030)	837.1658	0.1106	0.0607
康曼德 001 号	(0.3059)	377.4247	0.2139	0.0382
尚雅 3 期	(0.3068)	453.5123	0.1847	0.0724
从容优势一期	(0.3282)	530.3936	0.1970	(0.0216)

续表

私募基金名称	持续性指标	SSE	R^2	Adjusted-R^2
淡水泉 2008	(0.3583)	75.8614	0.4676	(0.0284)
彤源 2 号	(0.3761)	386.4117	0.2177	0.0188
沃胜 1 期	(0.3945)	425.0261	0.3053	0.0261
金中和 1 期	(0.3956)	504.6946	0.4287	(0.0110)
淡水泉成长一期	(0.4021)	71.8315	0.3817	(0.0222)
和聚 2 期	(0.4186)	207.6902	0.0881	(0.0282)
尚雅 5 期	(0.4252)	688.8950	0.3733	0.1067
尚雅 4 期	(0.4303)	381.8119	0.6152	0.2653
智诚 2 期	(0.5238)	321.3995	0.4852	(0.0263)

（2）熊市（2015 年 7 月至 2016 年 2 月）表现（以持续性指标降序排列）。

表 5-25 为私募基金样本业绩持续性指标（熊市）。

表 5-25 私募基金样本业绩持续性指标（熊市）

基金名称	持续性指标	SSE	R^2	Adjusted-R^2
赤子之心价值	5.1414	152.8960	0.3489	0.0886
睿信 3 期	0.5400	461.2976	0.2101	(0.0612)
鼎萨 1 期	0.4006	1463.5674	0.1266	(0.0544)
龙腾 3 期	0.3405	701.4185	0.1117	(0.0647)
森瑞独立景气	0.3160	409.2542	0.0989	(0.0467)
金蕴 28 期	0.2773	73.3777	0.0770	(0.0523)
金蕴 38 号（上善若水 4 期）	0.2683	103.1371	0.0902	(0.0416)
乐晟股票精选	0.2664	385.5339	0.0547	0.5604
和聚 1 期	0.2657	584.9083	0.0596	(0.0663)
同威 3 期	0.2491	217.5698	0.0350	(0.0442)
惠正成长	0.2466	398.7765	0.0480	(0.0132)
明曜精选 1 期（原合赢精选 1 期）	0.2463	597.1198	0.0557	(0.0052)
金百镕 1 期	0.2438	84.9727	0.0613	(0.0666)

续表

基金名称	持续性指标	SSE	R^2	Adjusted-R^2
林园证券投资	0.2386	280.9059	0.0567	(0.0647)
银石 2 期	0.2304	1101.1985	0.0621	0.1292
中欧瑞博 1 期	0.2257	246.7565	0.0391	(0.0447)
鼎锋成长一期	0.2109	679.1466	0.0318	(0.0664)
和聚 2 期	0.1965	147.2072	0.0214	(0.0617)
鸿蕴 1 期（通晟）B	0.1805	623.1543	0.0277	(0.0317)
鼎锋 2 期	0.1454	805.4283	0.0158	(0.0643)
长金 4 号	0.1319	1842.5997	0.0159	(0.0617)
京福 1 号	0.1220	884.1662	0.0149	(0.0643)
金中和 1 期	0.0975	383.7606	0.0098	(0.0639)
中欧瑞博成长策略一期	0.0919	215.3814	0.0068	(0.0655)
神农 1 期	0.0864	117.7758	0.0074	(0.0250)
源乐晟 2 期	0.0776	437.1510	0.0050	0.2034
展博精选 A 号	0.0675	718.4856	0.0022	(0.0624)
金蕴 16 期（银杏投资）	0.0668	425.3315	0.0045	(0.0596)
汇利优选 2 期	0.0406	1027.7821	0.0014	0.0954
星石 1 期	0.0383	935.1897	0.0014	(0.0428)
星石 2 期	0.0344	905.0192	0.0011	(0.0428)
沃胜 1 期	0.0301	852.2945	0.0005	(0.0330)
彤源 2 号	0.0268	1251.2114	0.0007	0.1166
投资精英之展博（A 类）	0.0243	674.8947	0.0002	0.0112
投资精英之展博（B 类）	0.0242	675.1784	0.0002	0.0113
重阳 2 期	0.0166	304.6675	0.0003	0.0443
映雪霜雪 2 期	0.0002	894.2666	0.0000	(0.0379)
证大稳健增长	(0.0209)	3158.9420	0.0004	0.0937
鸿道 1 期精英 1 号	(0.0237)	503.5851	0.0006	(0.0573)
鸿道 1 期	(0.0261)	499.1060	0.0007	(0.0567)
武当 3 期	(0.0416)	902.6711	0.0009	0.0447
淡水泉成长一期	(0.0631)	724.9826	0.0039	(0.0030)

续表

基金名称	持续性指标	SSE	R^2	Adjusted-R^2
汇利优选	(0.0812)	881.7692	0.0059	0.0770
武当 1 期	(0.1117)	881.1577	0.0065	(0.0242)
远策 2 期	(0.1306)	317.1823	0.0181	(0.0594)
映雪霜雪 1 期	(0.1314)	1085.1566	0.0175	(0.0555)
重阳 1 期	(0.1414)	524.8618	0.0203	0.0239
智诚 2 期	(0.1426)	164.6709	0.0337	(0.0557)
翼虎成长 1 期	(0.2009)	103.6677	0.0367	(0.0540)
上善若水 3 期	(0.2036)	121.6100	0.0414	(0.0445)
远策 1 期	(0.2387)	264.0453	0.0611	(0.0625)
投资精英之长青藤（B 类）	(0.2391)	641.7296	0.0550	0.0707
投资精英之长青藤（A 类）	(0.2392)	641.8161	0.0550	0.0703
淡水泉 2008	(0.2480)	623.1910	0.0628	(0.0645)
泽泉福虹财富	(0.2486)	8.4724	0.0135	(0.0480)
从容优势一期	(0.2501)	353.2325	0.0636	(0.0666)
博颐精选 2 期	(0.2535)	675.5177	0.0613	(0.0309)
悟空同创量化 1 期	(0.2774)	103.5738	0.0622	(0.0666)
翼虎成长 2 期	(0.2781)	191.3139	0.0694	(0.0554)
林园 2 期	(0.2839)	719.6974	0.0532	(0.0617)
瑞天 5 期	(0.2902)	986.7638	0.0625	(0.0007)
中融智德持续增长	(0.3326)	393.3046	0.1079	(0.0546)
从容成长 1 期	(0.3602)	324.8965	0.1370	(0.0660)
慧安 1 号	(0.3791)	167.7195	0.0973	(0.0602)
福麟 3 号（智诚 4 期）	(0.4106)	769.3515	0.1690	0.0118
康曼德 001 号	(0.4119)	299.3666	0.1686	(0.0437)
长江稳健	(0.4328)	89.6086	0.1719	0.1651
久富 2 期	(0.4435)	251.5142	0.2072	0.0328
融金 34 号（久富一期）	(0.4469)	271.6210	0.2120	(0.0660)
奕金安 2 期	(0.5008)	446.1436	0.2494	(0.0656)
尚雅 5 期	(0.5411)	577.8093	0.1504	0.1858

续表

基金名称	持续性指标	SSE	R^2	Adjusted-R^2
蕴泽 1 号	(0.5448)	523.3247	0.0957	0.0478
陕国投·朱雀 1 期	(0.5569)	743.0948	0.2223	(0.0003)
深国投·朱雀 1 期	(0.5893)	678.9543	0.2321	0.0341
裕晋五期	(0.5995)	268.0714	0.2909	(0.0531)
尚雅 3 期	(0.8853)	702.1389	0.4406	0.0859
尚雅 1 期	(0.9381)	708.1160	0.4702	0.0823
尚雅 4 期	(1.1266)	1313.9731	0.2595	0.2059

（3）震荡期（2016 年 3 月至 2017 年 7 月）表现（以持续性指标降序排列）。

表 5-26 为私募基金样本业绩持续性指标（震荡期）。

表 5-26　私募基金样本业绩持续性指标（震荡期）

基金名称	持续性指标	SSE	R^2	Adjusted-R^2
乐晟股票精选	0.5391	35.2770	0.5878	0.5878
证大稳健增长	0.4134	318.5203	0.1503	0.1503
赤子之心价值	0.3871	284.9415	0.1455	0.1455
源乐晟 2 期	0.3602	83.6532	0.2532	0.2532
鸿蕴 1 期（通晟）B	0.1807	230.3719	0.0328	0.0328
映雪霜雪 2 期	0.1640	262.5258	0.0270	0.0270
星石 1 期	0.1511	109.8883	0.0224	0.0224
星石 2 期	0.1510	112.0400	0.0224	0.0224
中欧瑞博 1 期	0.1443	46.2224	0.0206	0.0206
泽泉福虹财富	0.1304	170.8356	0.0175	0.0175
同威 3 期	0.1278	78.8109	0.0210	0.0210
裕晋五期	0.1148	63.6880	0.0128	0.0128
映雪霜雪 1 期	0.1020	360.2911	0.0104	0.0104
鼎萨 1 期	0.0943	187.3428	0.0115	0.0115
睿信 3 期	0.0717	236.8522	0.0051	0.0051

续表

基金名称	持续性指标	SSE	R^2	Adjusted-R^2
林园 2 期	0.0684	324.9862	0.0047	0.0047
展博精选 A 号	0.0559	84.2984	0.0040	0.0040
京福 1 号	0.0473	770.2672	0.0022	0.0022
林园证券投资	0.0449	155.9282	0.0018	0.0018
龙腾 3 期	0.0392	109.7196	0.0018	0.0018
淡水泉 2008	0.0377	150.1856	0.0020	0.0020
中欧瑞博成长策略一期	0.0314	52.2571	0.0011	0.0011
从容成长 1 期	0.0254	124.1347	0.0006	0.0006
融金 34 号（久富一期）	0.0220	104.6035	0.0006	0.0006
和聚 1 期	0.0186	265.9390	0.0004	0.0004
悟空同创量化 1 期	0.0086	81.5526	0.0001	0.0001
金百镕 1 期	0.0055	86.8199	0.0000	0.0000
从容优势一期	0.0048	70.7086	0.0000	0.0000
鼎锋成长一期	(0.0162)	172.1919	0.0003	0.0003
奕金安 2 期	(0.0303)	179.9904	0.0010	0.0010
鼎锋 2 期	(0.0448)	152.4164	0.0022	0.0022
金中和 1 期	(0.0492)	175.4936	0.0026	0.0026
远策 1 期	(0.0583)	68.1916	0.0039	0.0039
长金 4 号	(0.0625)	622.2210	0.0046	0.0046
和聚 2 期	(0.0685)	356.8765	0.0046	0.0046
金蕴 16 期（银杏投资）	(0.0723)	150.7449	0.0066	0.0066
远策 2 期	(0.0781)	79.9211	0.0068	0.0068
慧安 1 号	(0.0849)	86.8230	0.0060	0.0060
金蕴 28 期	(0.0908)	69.9688	0.0135	0.0135
鸿道 1 期精英 1 号	(0.0916)	133.3684	0.0088	0.0088
中融智德持续增长	(0.0927)	198.8980	0.0113	0.0113
翼虎成长 2 期	(0.0933)	71.2270	0.0106	0.0106
鸿道 1 期	(0.0948)	128.9443	0.0094	0.0094
翼虎成长 1 期	(0.0984)	70.4783	0.0119	0.0119

续表

基金名称	持续性指标	SSE	R^2	Adjusted-R^2
智诚 2 期	(0.1138)	271.6756	0.0103	0.0103
森瑞独立景气	(0.1285)	163.7776	0.0187	0.0187
上善若水 3 期	(0.1411)	169.4472	0.0208	0.0208
康曼德 001 号	(0.1481)	69.6989	0.0215	0.0215
神农 1 期	(0.1628)	85.1361	0.0391	0.0391
金蕴 38 号（上善若水 4 期）	(0.1653)	256.1025	0.0235	0.0235
博颐精选 2 期	(0.1663)	230.9895	0.0335	0.0335
明曜精选 1 期（原合赢精选 1 期）	(0.1937)	74.4983	0.0576	0.0576
沃胜 1 期	(0.1995)	56.9126	0.0316	0.0316
武当 1 期	(0.2013)	201.3977	0.0398	0.0398
惠正成长	(0.2157)	95.6786	0.0501	0.0501
瑞天 5 期	(0.2274)	151.7359	0.0618	0.0618
淡水泉成长一期	(0.2344)	192.4367	0.0597	0.0597
福麟 3 号（智诚 4 期）	(0.2363)	167.7028	0.0735	0.0735
投资精英之展博（B 类）	(0.2384)	21.2883	0.0731	0.0731
投资精英之展博（A 类）	(0.2384)	21.3050	0.0730	0.0730
陕国投・朱雀 1 期	(0.2639)	180.4358	0.0622	0.0622
重阳 1 期	(0.2917)	135.8272	0.0849	0.0849
久富 2 期	(0.3053)	94.3071	0.0933	0.0933
投资精英之长青藤（A 类）	(0.3065)	187.2226	0.1284	0.1284
投资精英之长青藤（B 类）	(0.3070)	187.2879	0.1288	0.1288
蕴泽 1 号	(0.3246)	198.1156	0.1073	0.1073
深国投・朱雀 1 期	(0.3252)	176.6371	0.0945	0.0945
重阳 2 期	(0.3281)	133.1347	0.1040	0.1040
武当 3 期	(0.3299)	269.8580	0.1044	0.1044
彤源 2 号	(0.3398)	158.4418	0.1718	0.1718
汇利优选	(0.3442)	404.0580	0.1346	0.1346
汇利优选 2 期	(0.3634)	357.4637	0.1520	0.1520

续表

基金名称	持续性指标	SSE	R^2	Adjusted-R^2
尚雅 1 期	(0.4366)	235.1939	0.1397	0.1397
尚雅 3 期	(0.4453)	237.9603	0.1430	0.1430
长江稳健	(0.4744)	76.7899	0.2173	0.2173
尚雅 5 期	(0.4855)	158.6038	0.2367	0.2367
尚雅 4 期	(0.5056)	157.6284	0.2555	0.2555
银石 2 期	(0.5593)	813.5253	0.1836	0.1836

（4）整个考察期（2014 年 5 月至 2017 年 7 月）表现（以持续性指标降序排列）。

表 5-27 为私募基金样本业绩持续性指标（整个考察期）。

表 5-27 私募基金样本业绩持续性指标（整个考察期）

基金名称	持续性指标	SSE	R^2	Adjusted-R^2
泽泉福虹财富	0.5322	831.1890	0.0343	0.2447
悟空同创量化 1 期	0.4680	527.4934	0.6217	0.2063
睿信 3 期	0.4281	1469.5023	0.6291	0.1526
鼎锋成长一期	0.4003	1686.9446	0.6361	0.1363
龙腾 3 期	0.3999	3194.8047	0.1279	0.1360
金蕴 28 期	0.3780	542.8960	0.3737	0.1268
中欧瑞博 1 期	0.3738	681.5094	0.4972	0.1135
中欧瑞博成长策略一期	0.3677	680.8448	0.6269	0.1094
蕴泽 1 号	0.3611	4778.3876	0.5425	0.1019
金百镕 1 期	0.3564	392.1731	0.3013	0.0997
鸿道 1 期	0.3407	1571.2805	0.5730	0.0911
鸿道 1 期精英 1 号	0.3387	1585.0381	0.5736	0.0897
鼎锋 2 期	0.3354	1790.6535	0.6548	0.0877
鼎萨 1 期	0.3324	3533.5659	0.5204	0.0870
和聚 1 期	0.3256	1983.0917	0.3432	0.0804
映雪霜雪 2 期	0.3222	2098.2567	0.4692	0.0778

续表

基金名称	持续性指标	SSE	R^2	Adjusted-R^2
赤子之心价值	0.3221	1137.9036	0.3712	0.0764
远策 1 期	0.3157	850.4783	0.7172	0.0747
远策 2 期	0.3149	720.5302	0.8336	0.0746
投资精英之展博（A 类）	0.3066	1778.8467	0.4125	0.0683
投资精英之展博（B 类）	0.3063	1779.0162	0.4126	0.0681
乐晟股票精选	0.2918	2197.6025	0.3868	0.0607
源乐晟 2 期	0.2794	2278.4960	0.3934	0.0527
鸿蕴 1 期（通晟）B	0.2771	1112.5565	0.4062	0.0497
展博精选 A 号	0.2694	2178.3970	0.3544	0.0463
星石 1 期	0.2642	1942.5417	0.5502	0.0431
林园证券投资	0.2636	971.0998	0.6021	0.0386
星石 2 期	0.2631	1900.9900	0.5510	0.0426
神农 1 期	0.2492	885.5255	0.2941	0.0375
翼虎成长 1 期	0.2489	813.1538	0.4048	0.0353
金蕴 16 期（银杏投资）	0.2426	1204.7590	0.7775	0.0318
惠正成长	0.2381	5254.0165	0.4418	0.0297
森瑞独立景气	0.2360	5668.0936	0.3039	0.0284
同威 3 期	0.2326	1926.6013	0.7133	0.0270
武当 3 期	0.2309	1999.5874	0.5222	0.0262
沃胜 1 期	0.2306	2699.4951	0.5073	0.0261
京福 1 号	0.2272	2849.1103	0.5232	0.0246
翼虎成长 2 期	0.2255	958.4856	0.4023	0.0238
彤源 2 号	0.2113	2949.6559	0.6959	0.0188
银石 2 期	0.2017	3303.1925	0.4694	0.0133
汇利优选 2 期	0.1995	3039.3545	0.6368	0.0132
明曜精选 1 期（原合赢精选 1 期）	0.1874	2512.8014	0.6623	0.0081
长金 4 号	0.1761	3859.5306	0.5343	0.0045
映雪霜雪 1 期	0.1649	2197.2707	0.5531	(0.0007)

续表

基金名称	持续性指标	SSE	R^2	Adjusted-R^2
武当1期	0.1600	2295.2348	0.5114	(0.0022)
汇利优选	0.1491	2981.1178	0.6179	(0.0051)
从容成长1期	0.1479	1663.2346	0.4753	(0.0061)
慧安1号	0.1451	2164.5236	0.2713	(0.0070)
投资精英之长青藤（A类）	0.1247	1885.9850	0.8611	(0.0125)
投资精英之长青藤（B类）	0.1243	1885.3815	0.8609	(0.0126)
金蕴38号（上善若水4期）	0.1132	1045.2062	0.3213	(0.0153)
裕晋五期	0.1016	1606.4717	0.2179	(0.0179)
长江稳健	0.0972	579.4350	0.6106	(0.0191)
从容优势一期	0.0819	2118.1270	0.4624	(0.0216)
淡水泉成长一期	0.0790	1470.7754	0.8182	(0.0222)
中融智德持续增长	0.0651	1810.2671	0.4725	(0.0241)
上善若水3期	0.0473	921.9525	0.3235	(0.0262)
瑞天5期	0.0377	2051.2985	0.3865	(0.0271)
和聚2期	0.0201	875.1857	0.0100	(0.0282)
福麟3号（智诚4期）	0.0148	2085.3166	0.5251	(0.0283)
证大稳健增长	0.0144	4683.0491	0.5561	(0.0284)
久富2期	0.0034	1972.0557	0.3190	(0.0286)
融金34号（久富一期）	(0.0054)	1882.4074	0.3498	(0.0285)
淡水泉2008	(0.0125)	1576.0983	0.7055	(0.0284)
奕金安2期	(0.0263)	1831.4723	0.7095	(0.0279)
智诚2期	(0.0469)	1991.0718	0.1833	(0.0263)
林园2期	(0.0574)	1844.3906	0.3156	(0.0252)
博颐精选2期	(0.0630)	1571.5949	0.3069	(0.0243)
重阳2期	(0.1032)	1269.4034	0.1843	(0.0181)
金中和1期	(0.1312)	3237.7993	0.3395	(0.0110)
深国投·朱雀1期	(0.1572)	2406.2187	0.3103	(0.0032)
重阳1期	(0.1707)	1352.8390	0.1998	0.0003
陕国投·朱雀1期	(0.1976)	2310.2019	0.2939	0.0116

续表

基金名称	持续性指标	SSE	R^2	Adjusted-R^2
康曼德 001 号	(0.2539)	1510.8275	0.0856	0.0382
尚雅 3 期	(0.3133)	3417.6835	0.1185	0.0724
尚雅 1 期	(0.3624)	3013.2552	0.0386	0.1065
尚雅 5 期	(0.3630)	2958.7288	0.2478	0.1067
尚雅 4 期	(0.5345)	3921.3008	0.1288	0.2653

（5）数据分析。

对比不同时期的样本基金持续性表现可以发现，样本基金的业绩在单边市场中表现出更好的业绩持续性。在牛市阶段，上海映雪投资管理中心所管理的几只基金业绩表现出了较为显著的持续性，说明该公司的投资风格适合在市场向好时获得稳定收益预期。在熊市阶段，赤子之心价值、睿信 3 期、鼎萨 1 期等风险规避做得比较出色的基金能够延续自己的业绩表现。而到了市场的震荡期，能够延续业绩的大多是类似于证大稳健增长、映雪霜雪 1 期等拥有比较稳定收益能力的基金。可见，这些基金的基金经理在市场前景不明朗的情况下依靠较高的管理水平将基金收益维持在稳定水平。特别需要说明的是，证大稳健增长以显著高于其他基金的持续性指标显示出业绩上的稳定性与连贯性，这一令人印象深刻的表现与其能保持较高收益率及在市场不景气时保持盈利是密不可分的。

在整个考察区间内持续性指标排名靠前的基金，多为业绩表现稳定的基金。其中映雪霜雪 1 期、乐晟股票精选、源乐晟 2 期的收益能力较强，业绩表现较为稳定，属于稳健投资风格的基金；而鼎萨 1 期则代表收益能力不强，但是业绩表现极其稳定、规避风险能力强的基金，这类基金通常在业绩上保持了较高的持续性。上海尚雅投资管理有限公司管理的几只基金则在基金业绩方面缺乏持续性，其业绩的不稳定说明其公司对基金的管理可能存在一定的问题。值得注意的是，此前各项排名比较靠前的金百镕 1 期则排名靠后，这说明尽管该基金的收益能力较强，但其业绩稳定性不高。

（6）小结。

本书考察了不同市场阶段中基金业绩的持续性，结果表明单边市场中大部分的基金与震荡期部分基金表现出显著的业绩持续性。从时间跨度上来看，基金业绩在短时间内确实存在一定的持续性，但在一定时间后会出现业绩反转，通过对不同时间段回归系数的观测是可以得出私募基金业绩持续性的描述。目前在衡量基金业绩持续性的方法中，横截面回归法是应用最为广泛的一种方法，并且是为数不多拥有量化指标的方法。因此，作为一种能够有效衡量基金业绩持续性的量化指标，我们选取该回归系数作为评价体系的一个指标。

综合本节的实证分析，可以发现私募基金行业追求高收益，同时高度注重风险控制。

目前虽然理论界与实务界现有研究已经给出不少基金业绩评价指标，这些指标从基金净值收益率出发，几乎涵盖基金业绩的方方面面，这使全面客观地评价一只基金成为可能。但是对于私募基金的评价尚未成体系，评价指标的多样化并没有使私募基金的业绩评价变得高效，反而使投资者在评价基金的业绩时产生一定的混乱，这在一定程度上加大了投资者决策的难度。以在超额收益方面表现良好的证大稳健增长为例，其业绩在不同指标下有不同的排名，单就收益能力方面，不同指标给出的排名还是有较大差距的。证大稳健增长的业绩持续性较差，业绩波动巨大，属于较高风险的投资对象。当投资者选择投资对象时，就会面临尽管掌握不同基金的投资风格与各项指标，但仍不知如何选择的困境，因此考虑多因素的单值化评价指标是必要的。

5.5 私募基金业绩综合指标实证分析

通过模型对于单值化综合指标在不同市场阶段中的业绩表现进行实证分析，结果如下。

（1）牛市（2014 年 5 月至 2015 年 6 月）表现（以指标降序排列）。

表 5-28 为私募基金样本综合指标（牛市）。

表 5-28　私募基金样本综合指标（牛市）

私募基金名称	总评值
深国投・朱雀 1 期	2.2231
尚雅 1 期	2.2195
裕晋五期	2.2185
睿信 3 期	2.2185
林园 2 期	2.2185
星石 1 期	2.2172
星石 2 期	2.2172
中欧瑞博 1 期	2.2172
长江稳健	2.1651
泽泉福虹财富	2.1577
映雪霜雪 2 期	2.1515
尚雅 3 期	2.1474
映雪霜雪 1 期	2.1455
远策 1 期	2.1441
和聚 1 期	2.1432
陕国投・朱雀 1 期	2.1387
鼎萨 1 期	2.1364
投资精英之展博（A 类）	2.1339
投资精英之展博（B 类）	2.1339
重阳 1 期	2.1268
重阳 2 期	2.1206
悟空同创量化 1 期	2.0966
金蕴 28 期	2.0962
证大稳健增长	2.0931

续表

私募基金名称	总评值
远策 2 期	2.0920
金百镕 1 期	2.0907
鸿蕴 1 期（通晟）B	2.0898
林园证券投资	2.0839
博颐精选 2 期	2.0757
京福 1 号	2.0703
鼎锋成长一期	2.0643
瑞天 5 期	2.0643
鸿道 1 期	2.0643
鸿道 1 期精英 1 号	2.0643
展博精选 A 号	2.0643
鼎锋 2 期	2.0643
源乐晟 2 期	2.0635
乐晟股票精选	2.0635
中欧瑞博成长策略一期	2.0630
神农 1 期	2.0613
银石 2 期	2.0594
从容成长 1 期	2.0591
上善若水 3 期	2.0582
沃胜 1 期	2.0539
从容优势一期	2.0505
汇利优选 2 期	2.0501
金蕴 38 号（上善若水 4 期）	2.0500
智诚 2 期	2.0484
融金 34 号（久富一期）	2.0445
久富 2 期	2.0413
汇利优选	2.0371

续表

私募基金名称	总评值
龙腾 3 期	2.0368
金蕴 16 期（银杏投资）	2.0295
长金 4 号	2.0276
蕴泽 1 号	2.0191
翼虎成长 2 期	2.0154
福麟 3 号（智诚 4 期）	2.0112
翼虎成长 1 期	2.0112
彤源 2 号	2.0112
淡水泉 2008	2.0109
淡水泉成长一期	2.0109
武当 3 期	2.0086
武当 1 期	2.0065
中融智德持续增长	1.9996
慧安 1 号	1.9908
赤子之心价值	1.9804
森瑞独立景气	1.9745
同威 3 期	1.9334
投资精英之长青藤（A 类）	1.9111
投资精英之长青藤（B 类）	1.9111
奕金安 2 期	1.8951
和聚 2 期	1.8585
金中和 1 期	1.8264
明曜精选 1 期（原合赢精选 1 期）	1.8039
康曼德 001 号	1.7943
尚雅 5 期	1.7892
惠正成长	1.7835
尚雅 4 期	1.7523

（2）熊市（2015年7月至2016年2月）表现（以指标降序排列）。

表5-29为私募基金样本综合指标（熊市）。

表 5-29 私募基金样本综合指标（熊市）

基金名称	总评值
赤子之心价值	2.3295
金百镕1期	2.1681
和聚2期	2.1569
龙腾3期	2.1421
映雪霜雪2期	2.1234
鸿蕴1期（通晟）B	2.1232
林园证券投资	2.1142
金蕴16期（银杏投资）	2.1142
和聚1期	2.1112
投资精英之展博（A类）	2.1008
投资精英之展博（B类）	2.1008
翼虎成长2期	2.0456
中欧瑞博1期	2.0451
翼虎成长1期	2.0418
乐晟股票精选	2.0412
中欧瑞博成长策略一期	2.0412
源乐晟2期	2.0412
惠正成长	2.0325
金中和1期	2.0325
重阳2期	2.0325
鼎锋成长一期	2.0278
展博精选A号	2.0278
鼎锋2期	2.0234
淡水泉成长一期	2.0152
久富2期	2.0063
融金34号（久富一期）	2.0063

续表

基金名称	总评值
奕金安2期	2.0033
长金4号	2.0019
淡水泉2008	1.9968
博颐精选2期	1.9968
京福1号	1.9951
沃胜1期	1.9908
汇利优选2期	1.9843
彤源2号	1.9631
康曼德001号	1.9622
长江稳健	1.9601
上善若水3期	1.9591
福麟3号（智诚4期）	1.9559
映雪霜雪1期	1.9549
重阳1期	1.9532
远策2期	1.9513
远策1期	1.9513
从容优势一期	1.9513
中融智德持续增长	1.9513
从容成长1期	1.9513
证大稳健增长	1.9486
金蕴28期	1.9327
同威3期	1.9327
睿信3期	1.9259
明曜精选1期（原合赢精选1期）	1.9259
武当3期	1.9184
武当1期	1.9184
汇利优选	1.9052
星石1期	1.8953
星石2期	1.8953

续表

基金名称	总评值
金蕴 38 号（上善若水 4 期）	1.8597
神农 1 期	1.8597
森瑞独立景气	1.8529
慧安 1 号	1.8516
银石 2 期	1.8430
林园 2 期	1.8382
尚雅 5 期	1.8382
鼎萨 1 期	1.8291
瑞天 5 期	1.8186
深国投・朱雀 1 期	1.8156
陕国投・朱雀 1 期	1.8099
尚雅 3 期	1.7888
尚雅 1 期	1.7888
智诚 2 期	1.7785
泽泉福虹财富	1.7785
悟空同创量化 1 期	1.7785
裕晋五期	1.7785
鸿道 1 期精英 1 号	1.7717
鸿道 1 期	1.7717
蕴泽 1 号	1.7717
尚雅 4 期	1.7685
投资精英之长青藤（B 类）	1.7651
投资精英之长青藤（A 类）	1.7651

（3）震荡期（2016 年 3 月至 2017 年 7 月）表现（以指标降序排列）。

表 5-30 为私募基金样本综合指标（震荡期）。

表 5-30　私募基金样本综合指标（震荡期）

基金名称	总评值
赤子之心价值	2.2250
证大稳健增长	2.2159
裕晋五期	2.1569
林园 2 期	2.1425
林园证券投资	2.1425
同威 3 期	2.1413
淡水泉 2008	2.1413
乐晟股票精选	2.1399
源乐晟 2 期	2.1399
陕国投・朱雀 1 期	2.1363
星石 1 期	2.1358
星石 2 期	2.1358
融金 34 号（久富一期）	2.1358
和聚 2 期	2.1344
鼎萨 1 期	2.1336
淡水泉成长一期	2.1331
悟空同创量化 1 期	2.1297
中欧瑞博 1 期	2.1286
京福 1 号	2.1077
重阳 2 期	2.0796
博颐精选 2 期	2.0750
中欧瑞博成长策略一期	2.0730
重阳 1 期	2.0710
长金 4 号	2.0676
鸿蕴 1 期（通晟）B	2.0620
奕金安 2 期	2.0617
金蕴 16 期（银杏投资）	2.0613
彤源 2 号	2.0601
中融智德持续增长	2.0587

续表

基金名称	总评值
久富2期	2.0587
长江稳健	2.0587
投资精英之长青藤（A类）	2.0547
投资精英之长青藤（B类）	2.0547
深国投·朱雀1期	2.0503
从容成长1期	2.0461
康曼德001号	2.0448
映雪霜雪1期	2.0339
从容优势一期	2.0306
和聚1期	2.0271
瑞天5期	1.9897
汇利优选	1.9870
汇利优选2期	1.9831
鼎锋2期	1.9744
远策1期	1.9744
神农1期	1.9744
明曜精选1期（原合赢精选1期）	1.9744
远策2期	1.9698
蕴泽1号	1.9698
上善若水3期	1.9636
鼎锋成长一期	1.9621
金蕴28期	1.9621
金蕴38号（上善若水4期）	1.9621
投资精英之展博（B类）	1.9562
投资精英之展博（A类）	1.9562
武当3期	1.9552
沃胜1期	1.9478
翼虎成长2期	1.9443
惠正成长	1.9443

续表

基金名称	总评值
龙腾 3 期	1.8775
智诚 2 期	1.8658
映雪霜雪 2 期	1.8647
睿信 3 期	1.8647
泽泉福虹财富	1.8631
展博精选 A 号	1.8631
金百镕 1 期	1.8631
银石 2 期	1.8550
福麟 3 号（智诚 4 期）	1.7939
尚雅 1 期	1.7928
尚雅 3 期	1.7928
金中和 1 期	1.7819
慧安 1 号	1.7819
鸿道 1 期精英 1 号	1.7819
鸿道 1 期	1.7819
翼虎成长 1 期	1.7819
森瑞独立景气	1.7819
武当 1 期	1.7819
尚雅 5 期	1.7819
尚雅 4 期	1.7819

（4）整个考察期（2014 年 5 月至 2017 年 7 月）表现（以指标降序排列）。表 5-31 为私募基金样本综合指标（整个考察期）。

表 5-31　私募基金样本综合指标（整个考察期）

基金名称	总评值
林园证券投资	2.2143
长江稳健	2.2143

续表

基金名称	总评值
翼虎成长 2 期	2.2066
金百镕 1 期	2.1499
和聚 2 期	2.1485
翼虎成长 1 期	2.1477
赤子之心价值	2.1408
乐晟股票精选	2.1406
源乐晟 2 期	2.1403
金蕴 16 期（银杏投资）	2.1390
中欧瑞博 1 期	2.1376
淡水泉成长一期	2.1350
证大稳健增长	2.1346
悟空同创量化 1 期	2.1336
中欧瑞博成长策略一期	2.1336
奕金安 2 期	2.1321
京福 1 号	2.1300
映雪霜雪 2 期	2.1300
久富 2 期	2.1300
星石 1 期	2.1259
星石 2 期	2.1259
映雪霜雪 1 期	2.1259
龙腾 3 期	2.1257
泽泉福虹财富	2.1245
鸿蕴 1 期（通晟）B	2.1245
瑞天 5 期	2.1245
蕴泽 1 号	2.1244
长金 4 号	2.1231
和聚 1 期	2.1226

续表

基金名称	总评值
远策 1 期	2.1206
鼎锋 2 期	2.1187
深国投 · 朱雀 1 期	2.1164
展博精选 A 号	2.1162
鼎锋成长一期	2.1123
投资精英之展博（A 类）	2.1123
投资精英之展博（B 类）	2.1123
神农 1 期	2.1123
金蕴 38 号（上善若水 4 期）	2.1123
裕晋五期	2.1123
中融智德持续增长	2.1123
上善若水 3 期	2.1123
鼎萨 1 期	2.1054
彤源 2 号	2.1054
汇利优选 2 期	2.1054
从容成长 1 期	2.1046
从容优势一期	2.1046
鸿道 1 期	2.0999
鸿道 1 期精英 1 号	2.0999
汇利优选	2.0992
森瑞独立景气	2.0966
沃胜 1 期	2.0931
金蕴 28 期	2.0620
淡水泉 2008	2.0579
林园 2 期	2.0579
睿信 3 期	2.0556
远策 2 期	2.0556

续表

基金名称	总评值
投资精英之长青藤（A类）	2.0556
投资精英之长青藤（B类）	2.0556
融金34号（久富一期）	2.0474
陕国投·朱雀1期	2.0433
福麟3号（智诚4期）	2.0432
康曼德001号	2.0412
武当3期	2.0374
武当1期	2.0374
博颐精选2期	2.0311
重阳1期	2.0311
银石2期	2.0270
尚雅4期	2.0263
重阳2期	2.0234
同威3期	1.9785
智诚2期	1.9744
惠正成长	1.9497
金中和1期	1.9459
尚雅1期	1.9426
明曜精选1期（原合赢精选1期）	1.8809
慧安1号	1.8750
尚雅3期	1.8705
尚雅5期	1.8565

（5）数据分析。

将综合指标的排名与之前独立指标排名对比可以发现，综合指标较好地平衡了各项指标的优劣，反映出目前实务界对不同投资风格私募基金不同特点的偏好。

在整个考察区间内，林园证券投资、长江稳健凭借其较低的风险水平与不俗的收益能力排在前两名，这反映出市场对于低风险、高收益的追求。金百镕 1 期、和聚 2 期、乐晟股票精选、证大稳健增长、悟空同创量化 1 期凭借优秀的收益能力名列前茅，这也与私募基金行业追求绝对收益的倾向相吻合。值得注意的是，尽管证大稳健增长展现出令人印象深刻的收益能力，悟空同创量化 1 期、乐晟股票精选也都有着较高的收益能力，但是由于其收益波动较大，排名并没有想象中的高。而映雪霜雪 1 期、映雪霜雪 2 期等表现不温不火，尽管其收益率不突出，但是由于其反映出在较长周期内的持续盈利能力，其排名十分靠前。这说明本书所构建的综合指标具有一定的合理性，这也能从排名靠后的基金的业绩表现中看出。排名后五名的基金（上海尚雅投资管理有限公司管理的三只基金与慧安 1 号、明曜精选 1 期）都是单项排名不出色且其投资风格有较大缺陷的。与晨星（中国）私募评价结果相比较，可以发现样本基金之间的评级差距不大，在晨星（中国）私募评价结果中，对林园证券投资、长江稳健均给予了五星评级。而根据评级灰类来看，林园证券投资、长江稳健这两只私募基金的评分均大于 2，属于优秀的等级标准，跟晨星（中国）评级结果比较来看基本相当。正如前文所述，晨星（中国）私募评价体系更重视风险调整后收益，未加入私募基金经理能力指标及业绩持续性指标。所以，本书的结果与晨星（中国）私募评价结果有所差别，但大致相当，但本书所构建的私募基金业绩评价体系更加全面和客观，具有一定的合理性和有效性。

第6章 研究结论和展望

6.1 研究结论与不足之处

6.1.1 研究结论

本书的研究构建了一套私募基金业绩评价体系，在此基础上利用灰色层次分析法，构建了一种具有普遍意义的获得私募基金业绩单值化的综合评价指标方法，并通过程序实现了这种方法，为私募基金业绩的评价提供了一种新的思路。本书还利用该体系中的单项指标与单值化的综合指标，分别对不同市场表现下样本基金的业绩表现进行了实证研究，以验证该方法的有效性。

本书试图对已有私募基金评价领域的理论研究成果进行整合和提炼，推动私募基金评价的统一化、科学化、成熟化，并以此促进行业的向好发展。通过构建基金业绩评价体系，本书对三种不同市场环境下 78 只样本基金分属于 4 个方面能力的 8 个不同指标进行了实证研究，并得到如下结论。

一是在风险水平方面，除了少数管理不善的基金，大部分基金的风险水平低于市场基准组合。

在牛市，大多的基金能够通过合理配置资产实现稳定的收益，也有部分收益能力优秀的基金在这一阶段呈现出极高的净值收益率，但这种水平的高收益率并不会持续下去，因此部分收益能力优秀的私募基金也会表现出较大的业绩波动。

在熊市和股市震荡期，大多数基金都能获得波动远低于市场波动的业绩水平。这说明私募基金能够分散风险，反映出私募基金行业重视风险规避、基金管理水平普遍较高的特点。

二是在三个不同考察阶段均有部分基金表现出显著的超额收益能力，说明目前私募基金业能够通过合理配置仓位跑赢市场基准。其中，在牛市大多数基金具有显著的超额收益率；而在熊市与股市震荡期，仅有少数基金跑赢了市场。这说明目前私募基金产品受市场环境影响大，仍然对“追涨杀跌”等传统做法有较高依赖性，对于对冲等工具的运用能力尚有待提高。

三是对于基金经理的选股择时能力研究表明，大部分的私募基金经理表现出一定的选股能力，基金经理可以利用基金历史业绩对基金的优劣做出判断，进而通过资产配置提高收益率；但是，绝大多数基金没有表现出择时能力，这与市场信息不完全、基金经理无法通过预判大盘走势调整资产配置的现实情况相吻合。选股择时能力的提出是基于收益来源的溯因，因此这两种指标还反映了不同基金收益能力的来源是不同的。绝大部分基金的收益能力来源于基金经理的选股能力，而少部分基金的收益能力来源于基金经理的择时能力（尽管这一部分基金的业绩并不太好），这说明当前私募基金市场有可能存在部分暗箱操作的违规行为，市场监管仍有待加强；同时也从侧面说明了私募基金市场尚未达到有效市场的状态，基金经理仍可以通过积极地寻找到价格偏离价值的资产调整资产配置以获取差价。

四是在业绩持续性方面，大部分基金在不同考察区间内分别表现出了一定的业绩持续性，但是总体上样本基金在整个考察区间内并没有表现出显著的业绩持续性。

五是在私募业绩综合评价方面，样本基金排名结果与晨星（中国）私募评价结果有所差别，但大致相当，晨星（中国）私募评价体系更重视风险调整后的收益，未加入私募基金经理能力指标及业绩持续性指标，本书所构建的私募业绩评价体系更加完善和科学。

针对以上研究结论，本书就如何促进国内私募基金行业良性发展，提出以下几点对策建议。

一是加强市场监管，规范基金运作。私募基金具有高风险、高收益的特点，同时这种面向少数人的私募方式使其接受投资者监督程度低于公募基金；较长封闭期的规定使投资者在对基金经理的行为约束方面处于被动地位，即使发现基金经理的冒险行为，在封闭期也无法赎回，这都助长了私募基金的冒险行为。因此需要监管者加强市场监管，以法律约束私募基金的不当投资行为，为私募基金行业的健康发展奠定坚实的法律基础。

二是强化私募基金信息披露制度。国内虽然有私募基金净值强制披露的规定，但执行效果不佳，仍有不少私募基金公司不按时公布私募基金净值、投资组合、收益状况等信息，这不利于投资者获取有效信息，也不利于监管者进行有效监管，因此需要强化私募基金信息披露制度，提高基金运作的透明度，帮助投资者进行正确决策。

三是提升私募基金经理专业素质。以上实证结果表明，绝大部分私募基金经理具有一定的选股能力，但大部分私募基金经理未表现出一定的择时能力，有的私募基金经理甚至出现显著为负的市场择时能力，而私募基金的投资策略复杂、风险高，私募基金经理队伍的建设显得更加迫在眉睫。提高私募基金经理的专业素质任重而道远，需要从投资理念、投资技巧、风险控制等多方面进行改善。

6.1.2 研究不足

尽管本书在研究过程中尽可能保证了科学研究的严谨性，但这并不意味着本书的研究就是完美的。相反，由于个人能力有限，本书的研究在一些方面仍存在着不足之处。

（1）本书所构建的私募基金业绩评价体系指标的选取仍待完善。

就私募基金业绩评价体系而言，目前国内尚未有权威性的研究成果，对于指标体系的构建尚处于一种探索的阶段。本书所构建的评价体系并不是完美的，本书的指标体系还需要在大量的理论、实证研究与实务界操作中结合私募行业发展的新趋势、新变化不断修正和完善。这是一个漫长的、反复调整的过程，需要长时间的跟踪研究。

（2）未能对在实证中失效的 GM（1，1）模型进行溯因与修正。

在早期实证研究的过程中，本书发现利用 GM（1，1）模型方法所预测的样本基金业绩未能通过误差检验。因此对于 GM（1，1）模型在私募基金上的利用并不成功，受限于样本基金业绩时间序列的规模，本书无法判定模型失效是因为模型不适用，还是因为样本基金业绩时间区间不够长才导致的预测偏差。

6.2 研究展望

随着社会进步、行业的发展，某些学术领域所处的理论背景、政策背景、技术背景是不断改变的。基金业绩评价发展以来，学术界大抵是从经济理论、金融模型的角度出发，由果溯因地研究基金业绩的成因并进行评价。不能否认这些理论研究对于理解经济系统、人类社会的运行所带来的开创性贡献，但是从实务界角度出发，对于私募基金业绩的评价完全可以以一种更开阔的视野看待。将未来研究的方向转向基金未来业绩的预测，不失为一个好的选择。

从经济理论的角度来看，2013 年，瑞典皇家科学院在授予有效市场假说权威专家尤金·法玛和行为金融学教授罗伯特·席勒等人该年度诺贝尔经济学奖时指出："几乎没什么方法能准确预测未来几天或几周股市债市的走向，但也许可以通过研究对三年以上的价格进行预测。"这指明了基金中长期业绩预测的可行性（短期预测受到政策影响大，但不排除放在足够长的时间区间内，市场政策也是有规律可循的可能性）。

单从技术背景考虑，随着大数据时代的到来，灰色系统、神经网络、遗传算法、机器学习等算法的实现，使数据分析的工具大大丰富。系统化的思维模式使我们不再拘泥于数据之间复杂的逻辑关系，而只需着眼于数据的规模与可信度。随着数据量的丰富与技术的进步，在未来的实务界，业绩预测或许将成为可能。

本书的研究基于灰色系统理论 GM（1，1）模型对私募基金的业绩预测进行了一定的尝试。现就预测方法做详细介绍。

（1）灰色预测法的可行性分析。

灰色预测法是一种对含有不确定因素的系统进行预测的方法。灰色系统是介于白色系统和黑色系统之间的一种系统。白色系统是指一个系统的内部特征是完全已知的，即系统的信息是完全充分的。而黑色系统是指系统的内部信息对外界来说是一无所知的，只能通过他同外界的联系来加以观测研究。灰色系统内部的一部分信息是已知的，另一部分信息是未知的，系统内各因素间具有不确定的关系。而灰色预测法则是对这些随机而有序的时间序列（收益率等）进行数据层面的分析。通过鉴别系统因素之间发展趋势的相异程度，即进行关联分析，并对原始数据进行生成处理来寻找系统变动的规律，生成有较强规律性的数据序列，然后建立相应的微分方程模型，从而预测事物未来某一时刻的瞬时值或积累值。

灰色预测法具有计算量低、样本数量需求小、样本质量要求（规律分布）低、预测准确、定量结果与定性结果一致、适合短期预测与中长期预测等优点。

目前，灰色系统理论得到了极为广泛的应用，不仅成功地应用于工程控制、经济管理、社会系统、生态系统等领域，而且在复杂多变的农业系统，如在水利、气象、生物防治、农机决策、农业规划、农业经济等方面也取得了可喜的成就。灰色系统理论在管理学、决策学、战略学、预测学、未来学、生命科学等领域展示了极为广泛的应用前景。同样，灰色系统理论在证券分析领域也有很多应用。

我国证券市场是一个不完全有效的市场，所谓完全市场是指假设市场价格可用于估计任何不确定性支付的现值，假如这个假设对一个市场是有效的，称该市场为一个完全市场，即市场所有信息（价格的内在价值与变化）被完全反映在每种股票的市场价格及其波动能中，而且这种信息为投资者完全掌握。很显然，现实的证券市场状况无法达到这种理想情况。主力资金的运作、各种突发事件及供求关系的变化使证券的价格总是不断地波动，不能正确地反映证券的内在真实价值。在更为极端的情况下，部分从业者为了获取高额回报，采取了内幕交易、恶意炒作等不正当的手段，这进一步加剧了市场不完全有效的程度。而对于私募基金而言，尽管已有的相关规定对其信息透明度做了具体要求，但其信息披露仍存在不完整、不及时等问题。因此，私募基金市场的不完全有效程度更为严重。

当然，我国的证券市场也并非完全无效的。宏观经济动态、各上市公司的基本面信息、年报和半年报的公布、发布的各种公告、每天的成交量和价格，以及各个投资咨询机构、证券分析专家提供的投资分析报告和建议等都为投资者提供了一定的分析依据和评判信息。

由此可以认为：国内的私募基金市场是一个部分信息已知、部分信息未知的不完全有效的市场；国内私募基金市场符合灰色系统的“部分信息已知，而部分信息未知”的前提假设，具有灰色系统的特征。因此运用灰色预测的方法对基金的收益进行预测是合理、可行的。

（2）灰色 GM（1，1）模型。

灰色系统理论是基于关联空间、光滑离散函数等概念定义灰导数与灰微分方程，进而用离散数据列建立微分方程形式的动态模型。由于这是本征灰色系统的基本模型，而且模型是近似的、非唯一的，所以这种模型为灰色模型，记为 GM（Grey Model），即灰色模型是利用离散随机数经过生成变为随机性被显著削弱且较有规律的生成数而建立起的微分方程形式的模型，这样便于对其变化过程进行研究和描述。

GM（1,1）是一阶的、单变量灰色模型，是一个单序列线性动态模型，这种模型通常用来分析时间序列。由于私募基金的收益率等指标大多为时间序列，因此符合 GM（1,1）模型的使用条件。模型构造流程如下：

假设原始的时间序列 $\{x(t)\}$（下文统称数列 $\{x(t)\}$ ）具有 n 个观测值，$(t=1,2,\ldots,n)$ 。

一是原始数列的 AGO 过程。

AGO 过程指对于数列 $\{x(t)\}$ 进行累加生成，得到累加生成数列 $\{x'(t)\}$ ，$(t=1,2,\ldots,n)$ ，其中 $x'(t)=\sum_{i=1}^{t}x(i)$ ，$(t=1,2,\ldots,n)$ 。

二是建立模型动态微分方程：

$$\frac{dx'}{dt}+\alpha x'=\mu$$

其中，α 为发展灰数；μ 为内生控制灰数；$\frac{dx'}{dt}$ 表示灰导数，表达式为 $\frac{dx'}{dt}=x'(k)-x'(k-1)=x(k)$ 。

三是构造数据矩阵 B 与数据列 Y_n。

假设 a 为参数向量，$a=\begin{pmatrix}\alpha\\ \mu\end{pmatrix}$，由最小二乘法求解可得 $a=(B^TB)^{-1}B^TY_n$ 。

其中：

$$B=\begin{pmatrix}-\frac{1}{2}[x'(1)+x'(2)] & 1\\ -\frac{1}{2}[x'(2)+x'(3)] & 1\\ \vdots & \vdots\\ -\frac{1}{2}[x'(n-1)+x'(n)] & 1\end{pmatrix}$$

$$Y_n=[x(2)\quad x(3)\quad \ldots\quad x(n)]^T$$

四是建立时间响应模型 $X'(t)$ 。

将 α 带入步骤 2 构建的常微分方程中，求得解如下：

$$X'(t)=\left(x(1)-\frac{\mu}{\alpha}\right)e^{-\alpha t}+\frac{\mu}{\alpha}，\quad t>0$$

该方程即为时间响应模型。

五是模型离散化。

由于得到的时间响应模型为某定义域上的连续函数，而要预测的为离散数列，因此需要将连续函数离散化，由此得到方程：

$$X'(t+1)=\left(x(1)-\frac{\mu}{\alpha}\right)e^{-\alpha t}+\frac{\mu}{\alpha}, \quad t\in Z$$

六是计算预测累加值并还原为预测值。

将 $t(t=2,\cdots,n)$ 带入离散模型，得到预测累加值 $X'(t)$，并通过IAGO（累减）公式 $X(t)=X'(t)-X'(t-1)$ 计算得到预测值 $X(t)$，$(t=2,\cdots,n)$。

七是模型检验。

模型构建完成后，其有效性即精度是需要被首要考虑的问题。本书采用残差检验与级比偏差值检验两种检验方法对预测方法进行检验。若预测结果通过了两种方法的检验，则证明其对于私募基金业绩的模拟有效。

①残差检验。

残差检验通过预测数据与实际数据之间的差异与实际数据之比来衡量误差的大小。该项检验建立在步骤6的基础上。其内容为计算数列 $X(t)$，$(t=2,\cdots,n)$ 与原始数列 $x(t)$，$(t=2,\cdots,n)$ 的绝对误差序列与相对误差序列。绝对误差序列公式如下：

$$\partial(t)=\left|x(t)-X(t)\right|, \quad (t=2,\cdots,n)$$

相对误差序列公式如下：

$$\phi(t)=\frac{\partial(t)}{x(t)}\times 100\%, \quad (t=2,\cdots,n)$$

一般认为 $\phi(t)<0.2$ 模型即达到精度要求，而若 $\phi(t)<0.1$，则认为很好地满足了精度要求。

虽然残差检验能够很好地度量误差相对于原始数据的偏离程度、影响大小，但是该项检验在衡量误差对数列随时间变化这一过程的影响程度的效果并不显著。譬如，一个数列中的项绝对值很大，随着序数增加的变化值却很小，而误差比绝对值的量级小、比变化值的量级大，那么此时残差检验将会失效。因此本书引入级比偏差值检验。

②级比偏差值检验。

级比偏差值检验通过对于模型中发展灰数 α 类似于增长率的定义并结合级比，来衡量预测模型整体预测数据的误差水平。其公式为：

$$\rho(t)=1-\frac{1-0.5\alpha}{1+0.5\alpha}\lambda(t)\ ,\quad (t=2,\cdots,n)$$

其中，α 为发展灰数；$\lambda(t)$ 为级比，计算公式为 $\lambda(t)=\frac{x(t)}{x(t-1)}$，$(t=2,\cdots,n)$。

一般认为，如果 $\rho(t)<0.2$，则可认为预测模型达到一般要求；如果 $\rho(t)<0.1$，则认为达到较高的要求。

八是进行预测。

预测模型通过预测有效性检验后，便可以使用它对 $X(t)$，$(t=n+1,\cdots)$ 进行预测，方法是将 $t=q$，$(q=n+1,\cdots)$ 带入方程组中，得到的 $X(q)$ 便为预测值。

$$\begin{cases} X'(t+1)=\left(x(1)-\dfrac{\mu}{\alpha}\right)e^{-\alpha t}+\dfrac{\mu}{\alpha} \\ X(t)=X'(t)-X'(t-1) \end{cases}$$

（3）灰色预测方法评价及展望。

本书在运用 GM（1，1）模型进行实证预测时，所得到的预测数据没有通过残差检验与级比偏差值检验。即在将 GM（1，1）模型应用于私募基金业绩预测过程中模型失效。

以下的部分将就本书研究中的一些未尽事宜展开叙述，并就本书应用到的部分方法的发展潜力进行进一步的说明。

第一，随着私募行业的快速发展，以及相关法律法规的不断完善，私募基金的业绩数据将更为详细、丰富。当基金业绩时间序列达到一定规模时，即数据丰富时，未来的研究便可以重新验证 GM（1，1）模型是否有效。

第二，原始数据序列累加处理后，数据呈现指数规律是灰色系统模型的基础。由于私募基金市场（经济系统的一种）属于广义的能量系统，因此其“能量”的存储与耗散均应满足指数规律。但是正如早期的实证研究所展示的那样，使用传统数据处理方法得出的新数据序列常常是散乱的，无规律可循的。

目前在对灰色系统的理论研究中，数据变换技术已经取得了较大突破。一大批实用的数据变换方法被提出：余弦函数变换、正切函数变换、幂函数变换、对数函数变换等。大量的实证研究表明，通过改变原始数据序列的光滑程度，数据变换技术在一些情况下是可以提高灰色系统模型［包含但不限于 GM（1，1）模型］的预测精度的。因此，利用新的数据变换技术优化 GM（1，1）模型是有广阔前景的。

第三，GM（1，1）模型是灰色系统模型群中的一个基础模型，其特性优良，在工程界、自然界获得了广泛的应用。但 GM（1，1）存在一个缺陷：适用于准指数规律分布数据的单调系统。人类社会中很多系统并不是单调的。因此早期的预测误差大、模型失效问题很有可能是由于私募市场属于非单调系统所导致的。在理论研究中，对于基于震荡序列的 GM（1，1）模型与灰色 Verhulst 模型的研究较为成熟，这两种模型对于处理离散、震荡的指标的时间序列实证效果好。在未来的研究中，可以尝试将这两种模型应用到私募基金业绩评价中来。

附　　录

相关程序

```
loadnewData.dat

jensen=zeros(96,2);
SSE_jensen=zeros(96,1);
R_square_jensen=zeros(96,1);
Adjusted_jensen=zeros(96,1);

jensen_all=zeros(78,2);
SSE_jensen_all=zeros(78,1);
R_square_jensen_all=zeros(78,1);
Adjusted_jensen_all=zeros(78,1);

x1=Rm(1:14)-Rf(1:14);
x2=Rm(15:22)-Rf(15:22);
x3=Rm(23:37)-Rf(23:37);
x=Rm-Rf;

fori=1:78,

    y1=Ri(i,1:14)-Rf(1:14);
    y2=Ri(i,15:22)-Rf(15:22);
    y3=Ri(i,23:37)-Rf(23:37);
    y=Ri(i,:)-Rf;

    jensen(3*i-2,:)=polyfit(x1,y1,1);
    SSE_jensen(3*i-2)=sum((polyval(jensen(3*i-2,:),x1)-y1).^2);
```

```
    R_square_jensen(3*i-2)=1-SSE_jensen(3*i-2)/sum((y1-mean(y1)).^2);
    Adjusted_jensen(3*i-2)=1-(SSE_jensen(3*i-2)/12)/(sum((y1-mean
        (y1)).^2)/13);

    jensen(3*i-1,:)=polyfit(x2,y2,1);
    SSE_jensen(3*i-1)=sum((polyval(jensen(3*i-1,:),x2)-y2).^2);
    R_square_jensen(3*i-1)=1-SSE_jensen(3*i-1)/sum((y2-mean(y2)).^2);
    Adjusted_jensen(3*i-1)=1-(SSE_jensen(3*i-1)/6)/(sum((y2-mean
        (y2)).^2)/7);

    jensen(3*i,:)=polyfit(x3,y3,1);
    SSE_jensen(3*i)=sum((polyval(jensen(3*i,:),x3)-y3).^2);
    R_square_jensen(3*i)=1-SSE_jensen(3*i)/sum((y3-mean(y3)).^2);
    Adjusted_jensen(3*i)=1-(SSE_jensen(3*i)/13)/(sum((y3-mean
        (y3)).^2)/14);

    jensen_all(i,:)=polyfit(x,y,1);
    SSE_jensen_all(i)=sum((polyval(jensen_all(i,:),x)-y).^2);
    R_square_jensen_all(i)=1-SSE_jensen_all(i)/sum((y3-mean(y)).^2);
    Adjusted_jensen_all(i)=1-(SSE_jensen_all(i)/35)/(sum((y-mean
        (y)).^2)/36);

end;
loadnewData.dat
ratio=zeros(96,3);
SSE=zeros(96,1);
R_square=zeros(96,1);
Adjusted_R2=zeros(96,1);

x1=Rm(1:14)-Rf(1:14);
x2=Rm(15:22)-Rf(15:22);
x3=Rm(23:37)-Rf(23:37);


fori=1:78,
    y1=Ri(i,1:14)-Rf(1:14);
    y2=Ri(i,15:22)-Rf(15:22);
    y3=Ri(i,23:37)-Rf(23:37);

    ratio(3*i-2,:)=polyfit(x1,y1,2);
    SSE(3*i-2)=sum((polyval(ratio(3*i-2,:),x1)-y1).^2);
    R_square(3*i-2)=1-SSE(3*i-2)/sum((y1-mean(y1)).^2);
    Adjusted_R2(3*i-2)=1-(SSE(3*i-2)/11)/(sum((y1-mean(y1)).^2)/13);

    ratio(3*i-1,:)=polyfit(x2,y2,2);
```

```
        SSE(3*i-1)=sum((polyval(ratio(3*i-1,:),x2)-y2).^2);
        R_square(3*i-1)=1-SSE(3*i-1)/sum((y2-mean(y2)).^2);
        Adjusted_R2(3*i-1)=1-(SSE(3*i-1)/5)/(sum((y2-mean(y2)).^2)/7);

        ratio(3*i,:)=polyfit(x3,y3,2);
        SSE(3*i)=sum((polyval(ratio(3*i,:),x3)-y3).^2);
        R_square(3*i)=1-SSE(3*i)/sum((y3-mean(y3)).^2);
        Adjusted_R2(3*i)=1-(SSE(3*i)/12)/(sum((y3-mean(y3)).^2)/14);

    end;
    loadexcess.dat

    ratio=zeros(96,2);
    SSE=zeros(96,1);
    R_square=zeros(96,1);
    Adjusted_R2=zeros(96,1);

    fori=1:78,
        x1=excess(i,2:14);
        x2=excess(i,16:22);
        x3=excess(i,24:37);

        y1=excess(i,1:13);
        y2=excess(i,15:21);
        y3=excess(i,23:36);

        ratio(3*i-2,:)=polyfit(x1,y1,1);
        SSE(3*i-2)=sum((polyval(ratio(3*i-2,:),x1)-y1).^2);
        R_square(3*i-2)=1-SSE(3*i-2)/sum((y1-mean(y1)).^2);
        Adjusted_R2(3*i-2)=1-(SSE(3*i-2)/11)/(sum((y1-mean(y1)).^2)/12);

        ratio(3*i-1,:)=polyfit(x2,y2,1);
        SSE(3*i-1)=sum((polyval(ratio(3*i-1,:),x2)-y2).^2);
        R_square(3*i-1)=1-SSE(3*i-1)/sum((y2-mean(y2)).^2);
        Adjusted_R2(3*i-1)=1-(SSE(3*i-1)/5)/(sum((y2-mean(y2)).^2)/6);

        ratio(3*i,:)=polyfit(x3,y3,1);
        SSE(3*i)=sum((polyval(ratio(3*i,:),x3)-y3).^2);
        R_square(3*i)=1-SSE(3*i)/sum((y3-mean(y3)).^2);
        Adjusted_R2(3*i)=1-(SSE(3*i)/12)/(sum((y3-mean(y3)).^2)/13);

    end;
    loadD.dat

    Data=zeros(96,8,5);
```

```
judge=zeros(5,3,8,2);

judge(1,1,1,:)=]10.7,7.14];
judge(1,1,2,:)=]0.67,0.45];
judge(1,1,3,:)=]6.25,0];
judge(1,1,4,:)=]10,15];
judge(1,1,5,:)=]1.4,1.7];
judge(1,1,6,:)=]0.77,0.63];
judge(1,1,7,:)=]3,1];
judge(1,1,8,:)=]0,0];

judge(1,2,1,:)=]1.87,1.25];
judge(1,2,2,:)=]0.12,0.085];
judge(1,2,3,:)=]2.43,1.62];
judge(1,2,4,:)=]8,11];
judge(1,2,5,:)=]1.4,1.7];
judge(1,2,6,:)=]0.77,0.63];
judge(1,2,7,:)=]2,0];
judge(1,2,8,:)=]0,0];


judge(2,1,1,:)=]5.1,3.4];
judge(2,1,2,:)=]0.183,0.122];
judge(2,1,3,:)=]3.68,2.45];
judge(2,1,4,:)=]17.68,25.26];
judge(2,1,5,:)=]1.3,1.5];
judge(2,1,6,:)=]1.1,0.9];
judge(2,1,7,:)=]3,1];
judge(2,1,8,:)=]0,0];


judge(2,2,1,:)=]1.28,0.85];
judge(2,2,2,:)=]0.038,0.025];
judge(2,2,3,:)=]0.105,0.07];
judge(2,2,4,:)=]17.51,21.89];
judge(2,2,5,:)=]1,1.3];
judge(2,2,6,:)=]0.77,0.63];
judge(2,2,7,:)=]2,0];
judge(2,2,8,:)=]0,0];


judge(3,1,1,:)=]10.71,7.14];
judge(3,1,2,:)=]0.435,0.29];
judge(3,1,3,:)=]0,-8.73];
judge(3,1,4,:)=]16.43,23.47];
```

```
judge(3,1,5,:)=]1.3,1.5];
judge(3,1,6,:)=]1.1,0.9];
judge(3,1,7,:)=]3,1];
judge(3,1,8,:)=]0,0];


judge(3,2,1,:)=]0,-0.31];
judge(3,2,2,:)=]0,-0.045];
judge(3,2,3,:)=]7.59,5.06];
judge(3,2,4,:)=]11.3,14.13];
judge(3,2,5,:)=]1,1.3];
judge(3,2,6,:)=]0.77,0.63];
judge(3,2,7,:)=]2,0];
judge(3,2,8,:)=]0,0];

fori=1:2,
    forj=1:8,
        judge(4,i,j,:)=(judge(3,i,j,:)+judge(1,i,j,:))/2;
    end;
end;


fori=1:2,
    forj=1:8,
        judge(4,i,j,:)=(judge(3,i,j,:)+judge(1,i,j,:))/2;
    end;
end;


fori=1:5,
    forj=1:8,
        judge(i,3,j,:)=(judge(i,1,j,:)+judge(i,2,j,:))/2;
    end;
    judge(i,3,7,:)=]1,0];
end;

fori=1:78,
    forj=1:5,
        fork=1:3,
            form=1:3,
                ifD(3*i+k-3,m)>judge(j,k,m,1),
                    Data(3*i+k-3,m,j)=3;
                elseifD(3*i+k-3,m)>judge(j,k,m,2),
                    Data(3*i+k-3,m,j)=2;
                else
```

```
                    Data(3*i+k-3,m,j)=1;
                end;
            end;

            form=4:5,
                ifD(3*i+k-3,m)<judge(j,k,m,1),
                    Data(3*i+k-3,m,j)=3;
                elseifD(3*i+k-3,m)<judge(j,k,m,2),
                    Data(3*i+k-3,m,j)=2;
                else
                    Data(3*i+k-3,m,j)=1;
                end;
            end;

            form=6:8,
                ifD(3*i+k-3,m)>judge(j,k,m,1),
                    Data(3*i+k-3,m,j)=3;
                elseifD(3*i+k-3,m)>judge(j,k,m,2),
                    Data(3*i+k-3,m,j)=2;
                else
                    Data(3*i+k-3,m,j)=1;
                end;
            end;
        end;
    end;
end;

R=zeros(8,3);
W=zeros(96,1);
fori=1:96,
t=reshape(Data(i,:,:),8,5);
forj=1:8,
x1=sum(t(j,:)/3);
x2=sum(t(j,:)/2)-length(find(t(j,:)==3));
x3=length(find(t(j,:)==1));
x=x1+x2+x3;
R(j,1)=x1/x;
R(j,2)=x2/x;
R(j,3)=x3/x;
end;
R1=R(1:3,:);
R2=R(4:5,:);
B3=R(6,:);
R4=R(7:8,:);
```

```
A1=]0.1282,0.5382,0.3333];
A2=]0.75,0.25];
A4=]0.75,0.25];

B1=A1*R1;
B2=A2*R2;
B4=A4*R4;

B=]B1;B2;B3;B4];
A=]0.0721,0.1804,0.4639,0.2836];

C=]3;2;1];
W(i)=A*B*C;
end;
```

中国私募基金业绩评价指标调查表

本问卷是运用层次分析法（AHP），探究在同一层次里各个要素之间重要性的两两比较。评判标准为 1 ～ 9 级判断标度，评判标度中的数字代表相应的等级，数值 1 表示一样重要，数值 3 表示稍微重要，数值 5 表示显著重要，数值 7 表示非常重要，数值 9 表示绝对重要，2、4、6、8 为上述相邻判断的中间值，1 分代表同等重要，在相应的分数栏打分。请按照您的想法在对应的位置填上数值。

1. 您的年龄（　　）

A. 21 ～ 29 岁

B. 30 ～ 39 岁

C. 40 岁以上

2. 您的教育程度（　　）

A. 大专及以下

B. 本科

C. 研究生以上

3. 您目前每月的收入（　　）

A. 5000 元以下

B. 5000 ～ 8000 元

C. 8000 ～ 15000 元

D. 15000 元以上

4. 您所在单位的组织性质（　　）

A. 国有企业

B. 事业单位

C. 民营企业

D. 其他

5. 您在单位中的岗位（　　）

A. 投研岗

B. 交易岗

C. 风控岗

D. 其他岗位

附表 1　标度 1 ~ 9 的具体含义

标度	定义	具体含义
1	同样重要	两因素比较，具有相同重要性
3	稍微重要	两因素比较，其中一个稍微重要
5	明显重要	两因素比较，其中一个明显重要
7	强烈重要	两因素比较，其中一个强烈重要
9	极端重要	两因素比较，其中一个极端重要
2、4、6、8	相邻标度中值	相邻两标度之间折中时的标度
倒数	反比较	若因素甲与因素乙相比的标度为 i，则乙与甲相比的标度为 1/i

附表 2　私募基金业绩加权判断矩阵

	收益能力	风险水平	经理人能力	持续性水平
收益能力				
风险水平				
经理人能力				
持续性水平				

附表 3　收益能力加权判断矩阵

	平均收益率	Sharpe 指数	Jensen 指数
平均收益率			
Sharpe 指数			
Jensen 指数			

附表 4　风险水平加权判断矩阵

	收益率标准差	风险系数 β
收益率标准差		
风险系数 β		

附表 5　基金经理选股择时能力加权判断矩阵

	选股能力	择时能力
选股能力		
择时能力		

您对中国私募基金业绩评价的方法指标还有哪些建议和要求？请填写在下面的横线上。

____

参考文献

［1］边宇．我国阳光私募基金绩效评价的实证分析［D］．河北：河北金融学院，2016．

［2］曹丽．股票型开放式基金业绩评价体系研究［D］．山东：山东大学，2008．

［3］陈道伦，陈欣，陈工孟，等．阳光私募基金经理具有卓越的投资能力吗［J］．财经研究，2013（12）：87-99．

［4］褚俊．私募基金运营管理研究［D］．苏州：苏州大学，2013．

［5］丁秀英，蒋晓全．我国证券投资基金资产配置效率研究［J］．金融研究，2007（2）：89-97．

［6］董铁牛，杨乃定，邵予工．中国开放式基金投资风格分析［J］．管理评论，2006（7）：3-9．

［7］范慧慧．我国开放式基金业绩与价值评估研究［D］．江苏：江苏大学，2009．

［8］龚红．证券投资基金经理激励问题研究［D］．湖南：湖南大学，2005．

［9］巩云华，姜金蝉．中国私募证券基金投资行为与市场波动的实证分析［J］．中央财经大学学报，2012（12）：35-70．

［10］巩云华．中国私募证券投资基金行为与监管研究［D］．天津：南开大学，2011．

［11］郭国锋，郑召锋．阳光私募择时能力的实证检验［J］．数量经济技术经济研究，2013（6）：107-134．

[12] 郭文伟. 开放式基金投资风格漂移及风格资产轮换策略研究[D]. 广东：华南理工大学，2010.

[13] 何军耀. 基于基金管理人行为属性的证券投资基金业绩评价研究[D]. 重庆：重庆大学，2006.

[14] 何孝星. 我国私募基金存在的六大问题及规范化建议[J]. 经济理论与经济管理，2001（10）：35-40.

[15] 胡晓燕. 基金经理的个人特性对私募基金业绩的影响[D]. 浙江：浙江大学，2010.

[16] 李彪. 证券投资基金业绩评价实证研究[D]. 四川：西南财经大学，2009.

[17] 李锦成. 对冲基金对中国A股市场的影响研究[D]. 山西：山西财经大学，2015.

[18] 李凯伦. 私募证券投资基金的量化策略对其业绩影响的研究[D]. 广东：深圳大学，2017.

[19] 李敏. 封闭式基金业绩持续性的统计分析[J]. 财经问题研究，2008（12）：123-127.

[20] 李瑞涛. 中国私募基金选股择时能力实证研究[D]. 重庆：重庆大学，2015.

[21] 李宪立. 证券投资基金业绩评价新模型及我国基金中长期业绩评价实证研究[D]. 上海：同济大学，2006.

[22] 李学峰，陈曦，茅勇峰. 我国开放式基金业绩持续性及其影响因素研究[J]. 当代经济管理，2008（6）：97-102.

[23] 李曜，于进杰. 开放式基金赎回机制的外部效应[J]. 财经研究，2004（12）：111-120.

[24] 梁风波. 我国证券投资基金市场功能与绩效研究[D]. 吉林：吉林大学，2009.

[25] 廖长友. 基金经理与基金持有人的投资选择能力研究[D]. 四川：西南财经大学，2010.

[26] 林兢，陈树华. 我国开放式基金业绩持续性，经理选股、择时能力——基于2005—2009数据[J]. 经济管理，2011（2）：132-138.

[27] 林鲁森. 基于生存偏差现象的我国阳光私募基金业绩持续性研究[D]. 浙江：浙江财经大学，2015.

[28] 林树，李翔，杨雄胜，等. 他们真的是明星吗——来自中国证券基金市场的经验证据[J]. 金融研究，2009（5）：107-120.

[29] 刘聪. 基金投资风格、基金业绩与基金经理个人特征研究[D]. 东北：东北财经大学，2009.

[30] 刘建和，武鑫，曹建刚. A股私募基金绩效评价方法选择比较研究[J]. 金融论苑，2013（5）：159-163.

[31] 刘夏. 我国阳光私募基金选股择时能力实证研究[D]. 辽宁：东北财经大学，2014.

[32] 卢学法，严谷军. 证券投资基金绩效评价实证研究[D]. 天津：南开经济研究，2004.

[33] 陆家骝，王茂斌. 什么决定了基金经理的更换[J]. 证券市场导报，2007（3）：22-28.

[34] 罗敬云. 我国阳光私募基金经理人特征对其基金绩效的影响[D]. 南京：南京大学，2015.

[35] 罗元. 中国私募基金发展存在的问题及其对策研究[D]. 吉林：吉林大学，2017.

[36] 罗真. 我国证券投资基金评价体系研究[D]. 湖北：华中科技大学，2004.

[37] 罗真，张宗成. 职业忧虑影响基金经理投资行为的经验分析[J]. 世界经济，2004（4）：63-71.

[38] 牛鸿，詹俊义. 中国证券投资基金市场择时能力的非参数检验[J]. 管理世界，2004（10）：29-35.

[39] 彭寿康. 风险—收益悖论与绩差基金的业绩持续性[J]. 商业经济与管理，2010（11）：77-83.

[40] 盛积良，马永开. 两类不对称对基金风险承担行为的影响研究[J]. 系统工程学报，2008（4）：398-404.

[41] 束景虹. 开放式基金赎回现象的实证研究[J]. 数量经济技术经济研究，2005(4)：117-126.

[42] 孙彤. 我国阳光私募基金发展路径研究[D]. 天津：天津大学，2015.

[43] 汤震宇. 基金业绩持续性与资金流关系的研究[D]. 上海：复旦大学，2008.

[44] 汪光成. 基金的市场时机把握能力研究[J]. 经济研究，2002(1)：48-55.

[45] 汪慧建，张兵，周安宁. 中国开放式基金赎回异象的实证研究[J]. 南方经济，2007(8)：65-73.

[46] 王赫一. 我国证券投资基金绩效评价及影响因素研究[D]. 吉林：吉林大学，2012.

[47] 王敬，刘阳. 证券投资基金投资风格：保持还是改变[J]. 金融研究，2007(8)：120-130.

[48] 王茂斌，毕秋侠. 业绩排名、投资者选择、投资基金行为[J]. 证券市场导报，2006(4)：52-55.

[49] 王明好，陈忠，蔡晓钰. 费率结构对证券投资基金风险承担行为的影响研究[J]. 系统工程理论与实践，2004(10)：117-121.

[50] 王明好，陈忠，蔡晓钰. 相对业绩对投资基金风险承担行为的影响研究[J]. 中国管理科学，2004(5)：1-5.

[51] 王鹏. 基金投资风格的持续性研究：原因与结果[J]. 投资研究，2011(8)：89-100.

[52] 王鹏. 基金业绩及其影响的实证研究[D]. 四川：西南财经大学，2012.

[53] 王擎，吴玮，蔡栋梁. 基金评级与资金流动：基于中国开放式基金的经验研究[J]. 金融研究，2010(9)：113-128.

[54] 王瑞. 基金重仓对分析师行为的影响及其经济后果[D]. 上海：复旦大学，2012.

[55] 王守法. 我国证券投资基金绩效的研究与评价[J]. 经济研究，2005(3)：119-127.

[56] 王晓国. 我国证券投资基金业绩的评价模型与实证研究[D]. 湖南：中南大学，2004.

[57] 王学军. 基金业绩评价研究[D]. 福建：厦门大学，2002.
[58] 王学明. 我国证券投资基金投资行为研究[D]. 湖南：中南大学，2010.
[59] 文晓波. 中国证券投资基金投资行为研究[D]. 上海：同济大学，2005.
[60] 吴启芳. 证券投资基金绩效评估方法研究及实证分析[D]. 湖南：湖南大学，2002.
[61] 吴伟. 我国私募证券投资基金的业绩持续性研究[D]. 南京：南京大学，2016.
[62] 伍军. 国际对冲基金的行业轮动投资：理论与实践[D]. 上海：上海社会科学院，2010.
[63] 武自强. 市场周期、投资者行为与基金经理人风险持有演化[D]. 天津：天津大学，2013.
[64] 袭红，李燕萍，吴绍棠. 业绩排序对基金经理投资组合风险选择的影响：基于封闭式基金 1998—2008 年表现的经验分析[J]. 世界经济，2008（4）：146-160.
[65] 夏斌. 中国"私募基金"报告[J]. 金融研究，2001（8）：19-31.
[66] 肖峻，石劲. 基金业绩与资金流量：我国基金市场存在"赎回异象"吗[J]. 经济研究，2011（1）：112-125.
[67] 肖奎喜. 我国开放式证券投资基金的业绩评价[D]. 浙江：浙江大学，2005.
[68] 肖奎喜，杨义群. 我国开放式基金业绩持续性的实证检验[J]. 财贸研究，2005（2）：55-59.
[69] 肖世明. 中国基金高管团队与基金绩效关系研究[D]. 上海：复旦大学，2008.
[70] 熊航. 我国公募基金风险承担与投资绩效研究[D]. 江西：江西财经大学，2016.
[71] 徐琼，赵旭. 封闭式基金业绩持续性实证研究[J]. 金融研究，2006（5）：92-96.
[72] 徐占东. 开放式基金业绩评价和投资风格的实证研究[D]. 辽宁：东北财经大学，2009.
[73] 许可. 我国私募基金风险防范研究[D]. 安徽：安徽大学，2016.
[74] 许林，邱梦圆. 中国对冲基金评价体系构建及实证研究[J]. 北京理工大学学

报，2016（5）：84-91.

［75］杨宏恩. 合资基金公司的业绩持续性研究——以开放式基金为对象［J］. 管理评论，2009（7）：26-32.

［76］杨龙. 中国证券投资基金交易行为与绩效评价研究［D］. 湖北：华中科技大学，2010.

［77］杨敏敏. 基金经理更换对基金绩效影响的实证研究［D］. 浙江：浙江工商大学，2011.

［78］杨宁，陈永生. 我国基金规模对业绩及其投资行为的影响分析［J］. 投资研究，2011（7）：98-105.

［79］杨宁. 证券投资基金绩效影响因素实证研究［D］. 四川：西南财经大学，2012.

［80］杨万东. 我国私募基金问题讨论综述［J］. 经济理论与经济管理，2002.

［81］杨学兵. 中国证券投资基金绩效及其经济效应研究［D］. 山东：山东大学，2005.

［82］姚正春，邓淑芳，李志文. 封闭式基金经理的竞争压力［J］. 金融研究，2006（9）：81-92.

［83］易剑雯. 我国证券投资基金业绩持续性研究［D］. 湖南：湖南大学，2007.

［84］易振. 基金经理与基金业绩的相关性研究［D］. 四川：西南财经大学，2009.

［85］禹湘. 基于惯性效应的证券投资基金投资行为研究［D］. 湖南：湖南大学，2007.

［86］喻国平. 我国开放是股票型基金投资风格识别及漂移风险研究［D］. 广东：暨南大学，2010.

［87］曾晓洁，黄嵩，储国强. 基金投资风格与基金分类的实证研究［J］. 金融研究，2004（3）：66-78.

［88］张静. 我国私募基金与公募基金的业绩实证研究与对比［D］. 四川：西南交通大学，2010.

［89］张美霞. 证券投资基金经理变更的实证研究——来自中国资本市场的经验证据［J］. 财经研究，2007（12）：77-89.

[90] 张文璋. 我国基金业绩评价的实证研究[D]. 福建：厦门大学，2002.

[91] 张新，杜书明. 中国证券投资基金能否战胜市场[J]. 金融研究，2002(11)：11-22.

[92] 张艳明. 我国开放式基金业绩持续性实证研究[D]. 广东：暨南大学，2007.

[93] 赵宏宇. 证券投资基金的投资风格分析与比较[J]. 证券市场导报，2005(10)：58-62.

[94] 赵骄. 中国基金经理的不同激励模式与基金业绩的实证研究[D]. 吉林：吉林大学，2013.

[95] 赵玉彪. 我国证券投资基金绩效评价及影响因素研究[D]. 吉林：吉林大学，2013.

[96] 赵座毅，于泽，李颖俊. 投资者参与、证券投资基金风格业绩的评估[J]. 经济研究，2005(7)：45-54.

[97] 郑铮. 基金流量及其结构影响因素实证分析[D]. 北京：对外经贸大学，2007.

[98] 郑中华. 股票型基金的主动性投资风格、行为选择与市场波动[D]. 湖北：中南财经大学，2015.

[99] 周检，朱洪亮，李心丹. 基于因子聚类方法的基金风格分类研究[J]. 南方经济，2007(12)：61-69.

[100] 周平. 我国阳光私募基金业绩波动与风险控制探析[D]. 四川：内江师范学院，2012.

[101] 朱雯君. 证券投资基金机会主义行为研究[D]. 湖北：中南财经政法大学，2017.

[102] 祝小芳. 欧美资产证券化模式比较研究及对我国的启示[D]. 财政部财政科学研究所，2010.

[103] 庄云志，唐旭. 基金业绩持续性的实证研究[J]. 金融研究，2004(5)：20-27.

[104] Barber B M, T Odeanand L. Out of Sight, Out of Mind：The Effects of Expenseson Mutual Fund Flows[J]. Journal of Business, 2005, 78(6)：2095-2120.

[105] Basak S, et al. Optimal Asset Allocation and Risk Shiftingin Money Management

[J]. Review of Financial Studies, 2007, 20 (5): 1583-1621.

[106] Bollen N P B, J A Busse. Short-Term Persistencein Mutual Fund Performance [J]. Review of Financial Studies, 2005, 18 (2): 569-597.

[107] Brown K C, et al. Tournaments and Temptations : An Analysis of Managerial Incentivesin the Mutual Fund Industry [J]. Journal of Finance, 1996, 51 (1): 85-110.

[108] Brown S J, W Goetzmann R G. Survivorship Biasin Performance Studies [J]. Review of Financial Studies, 1992, 5 (4): 553-580.

[109] Busse J A. Another Lookat Mutual Fund Tournaments [J]. Journal of Financial and Quantitative Analysis, 2001, 36 (1): 53-73.

[110] Capon N G, J Fitzsimons, R Alan Prince. An Individual Level Analysis of the Mutual Fund Investment Decision [J]. Journal of Financial Services Research, 1996, 10 (1): 59-82.

[111] Carhart M M. On Persistencein Mutual Fund Performance [J]. The Journal of Finance, 1997, 52 (1): 57-82.

[112] Carpenter J N. Does Option Compensation Increase Managerial Risk Appetite [J]. The Journal of Finance, 2000, 55 (5): 2311-2331.

[113] Chevalier J, G Ellison. Career Concerns of Mutual Fund Managers [J]. The Quarterly Journal of Economics, 1999, 114 (2): 389-432.

[114] ClarkD J, C Riis. Competitionover More Than One Prize [J]. The American Economic Review, 1998, 88 (1): 276-289.

[115] Cuthbertson K, D Nitzsche, N O Sullivan. Uk Mutual Fund Performance: Skillor Luck [J]. Journal of Empirical Finance, 2008, 15 (4): 613-634.

[116] Davis J L. Mutual Fund Performance and Manager Style [J]. Financial Analysts Journal, 2001, 57 (1): 19-27.

[117] Del Guercio D, P A Tkac. The Determinants of the Flow of Funds of Managed Portfolios : Mutual Fundsvs. Pension Funds [J]. Journal of Financial and

Quantitative Analysis, 2002, 37（4）: 523-558.

[118] FamaE F, K R French. Common Risk Factors in the Returnson Stocks and Bonds [J]. Journal of Financial Economics, 1993, 33（1）: 3-56.

[119] Frazzini A, O A Lamont. Dumb Money : Mutual Fund Flows and the Cross-Section of Stock Returns [J]. Journal of Financial Economics, 2008, 88（2）: 299-322.

[120] Gallagher D R, P Nadarajah, M Pinnuck. Top Management Turnover : An Examination of Portfolio Holdings and Fund Performance [J]. Australian Journal of Management, 2006, 31（2）: 265-292.

[121] Goriaev A, T E Nijman, B J M Werker. Yet Another Look at Mutual Fund Tournaments [J]. Journal of Empirical Finance, 2005, 12（1）: 127-137.

[122] Grinblatt M, S Titman. Mutual Fund Performance : An Analysis of Quarterly Portfolio Holdings [J]. Journal of Business, 1989, 62（3）: 393-416.

[123] Hendricks D, J Patel, R Zeckhauser. Hot Handsin Mutual Funds : Short-Run Persistence of Relative Performance, 1974—1988 [J]. Journal of Finance, 1993, 48（1）: 93-130.

[124] Henriksson R D. Market Timing and Mutual Fund Performance : An Empirical Investigation [J]. Journal of Business, 1984, 57（1）: 73-96.

[125] Holmes K, R Faff. Style Driftand Fund Performance in up and Down Markets : Australian Evidence [J]. Applied Financial Economics Letters, 2008, 4（6）: 395-398.

[126] Idzorek T M, F Bertsch. The Style Drift Score [J]. The Journal of Portfolio Management, 2004, 31（1）: 76-83.

[127] Ippolito R A. Consumer Reaction to Measures of Poor Quality : Evidence from the Mutual Fund Industry [J]. Journal of law and Economics, 1992, 35（1）: 45-70.

[128] Jensen M C. The Performance of Mutual Funds in the Period 1945—1964 [J].

The Journal of Finance, 1968, 23（2）: 389-416.

[129] Kempf A, S Ruenzi, T Thiele. Employment Risk, Compensation Incentives, and Managerial Risk Taking：Evidence from the Mutual Fund Industry [J]. Journal of Financial Economics, 2009, 92（1）: 92-108.

[130] Keswani A, D Stolin. Which Money Is Smart?Mutual Fund Buys and Sells of Individual and Institutional Investors [J]. The Journal of Finance, 2008, 63（1）: 85-118.

[131] Khorana A. Performance Changes Following Top Management Turnover：Evidence from Open-End Mutual Funds [J]. Journal of Financial and Quantitative Analysis, 2001, 36（3）: 371-394.

[132] Lakonishok J, A Shleifer, R Thaler, et al. Window Dressing by Pension Fund Managers [J]. The American Economic Review, 1991, 81（2）: 227-231.

[133] Qiu J. Termination Risk, Multiple Managers and Mutual Fund Tournaments [J]. European Finance Review, 2003, 7（2）: 161-190.

[134] Rosen S. Prizes and Incentives in Eliminati on Tournaments [J]. American Economic Review, 1986, 76（4）: 701-715.

后　　记

早就想好，要在本书的后记里面好好写上一笔，但提笔忘言，真到写的时候却又不知道从何写起。之所以要以私募基金为研究对象，一方面是好奇心使然，市场上流传着很多有关私募基金的话题，笔者想通过研究揭开私募基金的神秘面纱。另一方面，近几年我国基金行业无论是产品数量还是管理规模都得到快速发展，截止到 2021 年年末，公募基金数量超过 9000 只，管理规模达到 25.7 万亿元，私募基金数量达到 124117 只，管理规模达到 19.76 万亿元。而资本市场风险与机会并存，如何实现财富的保值、增值是摆在每一位国民面前的现实问题。面对海量的产品供给，如果让普通投资者一个一个去挑选的话，会耗费巨大的精力和时间，所以用什么样的方法可以让普通投资者能够比较容易地找到符合自己投资需求的产品呢？本书对于私募基金业绩的研究便是试图帮助普通投资者找到答案。

当然，笔者也从未想过本书能最终完成，并且还能够出版，这里能做的只有感恩，感恩我的授业恩师郭建鸾教授将我纳入门下，让我有机会重新回到校园读书学习。当年接到录取通知时我像一个小孩子一样活蹦乱跳，想要把好消息告诉每一个人。在平时的学习和生活中，郭老师给予我很多的指导和帮助，本书从选题、收集材料到撰写，郭老师多次提出修改意见，倾注大量心血，在此向您表达我最诚挚的谢意。

感恩我的合作导师苏治教授给予我博士后工作站的机会，在站期间我有机会参与多个科研项目的研究，这让我对跨学科研究方法有了更深刻的认识，也让我对于资本市场、投资策略、企业运营有更详细的了解，收获满满。

感谢师兄冯毅，与你的每一次长谈都会有不一样的收获，让我铭记于心。感谢我的两位硕士同学曲小毅和王林林，总是在我最需要帮助的时候雪中送炭，能与你们相识相交是我今生最大的荣幸。感谢中国人民大学的石瀚文在本书的写作过程中所给予的建设性意见。感谢鼓励我不断进步的好朋友韩琳，当年如果没有你的鼓励，我肯定不会坚持考下去的。还要感谢我的师姐卞进、师妹王鸿宇在论文写作过程中给予的帮助。还有就是我的同班同学申桂萍、张娟、吴华、谢梦、彭佳、冯利伟等，虽然有很多人我没法一一列举，请相信我的感激并无半分差别。

还要感谢一直在我身后默默付出的家人，爷爷对我倍加关心，经常会问我在外的情况如何，可当我有能力回报他的时候，却再也没有机会了。在撰写本书的这段时间里，我的父亲和母亲始终一如既往地支持着我，成为我最坚实的后盾与保障，也正是因为你们的帮助和理解，才让我一路踏实地走到现在，我也将在未来的道路上更加努力，去回报你们的恩情。我还要感谢我的妻子和女儿，承担了绝大部分的家庭琐事，让我有闲暇完成本书的撰写，这段时间我也有幸看到女儿从呱呱坠地到蹒跚学步，再到牙牙学语，每一个进步都让人欣喜，感谢上天把她赐予我们！

物有本末，事有始终。本书的完成也意味着一段新的人生旅程的开启，此时我的脑海里浮现出陶渊明“纵浪大化中，不喜亦不惧；应尽便须尽，无复独多虑”的诗句。我想，无论未来是光明还是黑暗，是顺境还是逆境，我将一往无前，并怀抱一颗感恩之心砥砺前行！

闫 冬

2022 年 3 月 13 日于北京